光明社科文库
GUANGMING DAILY PRESS:
A SOCIAL SCIENCE SERIES

·经济与管理书系·

管理学教学经典案例解析

徐蔼积　等 | 编著

光明日报出版社

图书在版编目（CIP）数据

管理学教学经典案例解析 / 徐蔼积等编著. -- 北京：光明日报出版社，2023.9
ISBN 978-7-5194-7502-4

Ⅰ.①管… Ⅱ.①徐… Ⅲ.①管理学—教案（教育）—高等学校 Ⅳ.①C93

中国国家版本馆 CIP 数据核字（2023）第 188167 号

管理学教学经典案例解析
GUANLIXUE JIAOXUE JINGDIAN ANLI JIEXI

编　　著：徐蔼积　等	
责任编辑：许　怡	责任校对：王　娟　李海慧
封面设计：中联华文	责任印制：曹　诤

出版发行：光明日报出版社
地　　址：北京市西城区永安路 106 号，100050
电　　话：010-63169890（咨询），010-63131930（邮购）
传　　真：010-63131930
网　　址：http://book.gmw.cn
E - mail：gmrbcbs@gmw.cn
法律顾问：北京市兰台律师事务所龚柳方律师
印　　刷：三河市华东印刷有限公司
装　　订：三河市华东印刷有限公司

本书如有破损、缺页、装订错误，请与本社联系调换，电话：010-63131930

开　　本：170mm×240mm	
字　　数：211 千字	印　　张：12.5
版　　次：2024 年 1 月第 1 版	印　　次：2024 年 1 月第 1 次印刷
书　　号：ISBN 978-7-5194-7502-4	

定　　价：85.00 元

版权所有　　翻印必究

内容简介

本书根据经济社会发展对管理人员能力和素质的需要，以管理学课程专业知识为基础，结合企业经营管理实践整合而成，从管理活动的本质分析管理理论的深刻内涵。本书按照马克思主义理论研究和建设工程重点教材《管理学》的章节设置，按照管理的五大职能分为5章的内容，包括管理的决策与计划、组织、领导、控制和创新职能。全书贯彻"实基础、重应用、强技能"的人才培养目标，结合案例教学法的特点，重点突出管理理论知识与实践应用相结合的教学目标，注重培养学生运用相关知识分析和解决问题的能力，加强对学生的管理实践技能的培养。

本书既可作为应用型普通本科院校管理学课程的配套参考书，也可作为企业管理人员的培训教材。

编委会名单

徐蔼积　李晓连　李妍　苗莉　等编著

总前言

《新文科建设宣言》提出："要根据各自学科专业特点，结合行业领域特定问题，促进八大学科门类特色发展，促进八大学科门类特色发展，实现文史哲促人修身铸魂，经管法助力治国理政。"这就要求新时代经管专业发展对标新文科背景下经管专业应用型人才培养目标，推进人力资源供给侧结构性改革，深化产教融合，通过实战能力、应变能力、创造性思维的塑造，为企业和社会输送大批高素质经管人才，促进教育链、人才链与产业链、创新链的有机衔接，全面提高经管类专业教育质量，为治国理政服务。

案例教学是实现专业知识内化、训练实践能力和创新思维的绝佳载体，是培养经管类应用型人才的重要路径，已被广泛应用于管理学、经济学等学科专业教学中。党的二十大报告明确提出："教育、科技、人才是全面建设社会主义现代化国家的基础性、战略性支撑。"[1] 经管人才培养必须以服务经济社会高质量发展为导向，想国家之所想、急国家之所急、应国家之所需，树立"学以致用、知行合一"的思想，培养具备创新能力、应用能力，有经世济民担当和深厚家国情怀的高素质经管人才。因此，丰富经管专业实践教学内容，将国家经济发展中大量鲜活的企业经营管理实践经验引入课堂、注入课堂，就成为高校经管类专业建设的重要任务。

我校以培养高素质应用型人才为目标，积极探索并实践应用型本科内涵式发展路径，设计了基于学生在学习好会计学、管理学、金融学等经管专业课程理论知识的基础上，以增强学生实践知识及动手、动脑能力为目的的"案例教学工程"，并将其定位于主要以企业真实资料为背景编写的教学案例。为此，我校以3个课程组为单位会同教务处成立了教学案例编写攻关小组，组织开展了大量调研：一方面，根据新疆本地大中型企业的实际业务撰写了原创教学案例；另一方面，精心选择国内外有代表性的企业经营管理实

---

[1] 党的二十大报告全文［R］. 党建网，2022-10-26.

践活动并编写经典教学案例。案例选编内容具有较强的代表性，案例分析主要突出知识的运用、方法的训练和技能的培养，为会计学、管理学、金融学等课程的教师教学和学生学习提供帮助和指导。

为保证该项工作顺利进行，我们对具体操作规程做了较为详细的部署，制定了"案例教学工程"的总体安排，明确了案例教学法的基本要点，规范了教学案例的基本要求，聘请新疆财经大学龚巧莉教授、朱宇教授为指导顾问，委托巴音郭楞蒙古自治州党委副秘书长樊爱琴同志联系企业，保障了"案例教学工程"如期推进。经过多年的酝酿、细心策划以及多次会议研讨、深入实际调研等充分的准备工作，最终由学校聘请若干名专家组成验收组，依据教学案例编写规范进行审核验收。至今，我们为广大学员奉献出了这套《教学经典案例解析》丛书，以期使广大学员通过本书的阅读及有关题目的思考、讨论，能对会计学、管理学、金融学理论知识在实践中的运用有更深入地认识，为阅读、分析、多角度考虑问题提供有效地帮助，并对新疆企业有所了解。为保证案例为教学服务的时效性、适用性，在案例使用过程中，希望各位老师在运用的过程中能将发现的问题和需要补充及完善的内容及时反馈给我们，以使其更加完善。

在编写此书的过程中，我们选用了部分企业中期及年终的披露信息，在调研和搜集资料的过程中得到了许多单位的支持与帮助，在此一并表示感谢！

新疆科技学院
2023 年 4 月 10 日

前　言

实施案例教学是管理学提高教学实践有效性的必然要求。案例教学方法的价值不仅在于使学生接受和掌握相关的理论和知识，而且更重要的是理解理论和知识的应用场景，从而培养学生的认知能力、实践能力和创新能力。建立在管理案例基础上的管理知识＝"是什么"＋"为什么"＋"如何用"＋"前提条件"，帮助学生系统地学习管理学，为毕业生在企业管理实践中能够巧妙地利用基本理论和基本技能解决企业经营管理问题打下良好的基础。因此，我们以管理学的应用和实践为导向，编写了这本《管理学教学经典案例解析》，作为管理学案例教学的参考用书供工商管理类专业的教师和学生使用，以及供其他对管理学理论和实践感兴趣的学习者选用。

本书根据管理学课程体系设计内容，与社会实践紧密结合，充分体现了经典性和时代性。运用本书案例开展课程教学，可提升课程的"高阶性、创新性、挑战度"，落实以学生为中心的教学理念，推动教学改革。本书编写主要突出了以下三个特点：

（1）创新性。在编写案例之前，案例编写小组实地调研了新疆地区有代表性的企业，获取了大量一手调研资料，完成了6个原创案例的编著，体现了理论与实际相结合的特点。

（2）实用性。围绕"实基础、重应用、强技能"的应用型人才培养目标，按照马克思主义理论研究和建设工程重点教材《管理学》的章节合理设置结构，力求使学生在理解管理学理论知识体系基础上，掌握管理学的基本概念、原理、方法及其运用。

（3）规范性。全书共分为上下两篇，上篇为案例正文，下篇为案例使用说明，均按照管理学教学案例的规范格式进行编写，不仅有助于教师的有效使用，还为读者分析这些案例提供了指导思路。

全书共有11位教师参与编著，其中，徐蔼积负责本书总体内容设计和编撰，包括制定教材编写大纲、确定书稿体例和整本书的审稿和统稿工作。

全书共包括5章，其中第一章中的案例一（相处时难别亦难，秋风送寒杏叶黄——华为剥离荣耀的决策）由徐蔼积编著，案例二（京东方是如何成为面板之王的）由魏其武编著，案例三（发展自我，兼善天下——福耀集团的目标管理）由孙文雷编著；第二章中的案例一（楼兰网景的组织结构）由苗莉编著，案例二（富民之本在得人，强业之源在纳才——瑞源乳业该如何实现有效招聘）由刘涛编著，案例三（用户为本，科技向善——腾讯的迭代企业文化）由王玥编著；第三章中的案例一（惟其艰难，方显勇毅——民营企业家的领导艺术）由苗莉编著，案例二（"好马"回头留不留）由李妍编著，案例三（"技术为本"背后的激励机制）由王芳编著；第四章中的案例一（奔驰女车主的维权之路）由依力塔比尔提肯·吐尔逊编著，案例二（中行"原油宝"巨亏是一堂惨痛的风险教育课）由李晓连编著；第五章中的案例一（瑞源的创新与成长之路）由李晓连编著，案例二（中泰纺织集团的"学习型组织"是怎样炼成的）由徐蔼积编著，案例三（格力的自主创新之路）由刘稀朕编著。此外，为了帮助同行和读者了解新疆企业经营管理实践活动，本书编著团队实地调研并开发撰写6个原创案例收入书中，以便进一步提高地方高校人才培养的针对性和适用性。

在本书的编写和出版过程中，感谢学院领导姜锡明教授、王海燕副教授对编写工作的悉心指导和倾心相助。在案例调研阶段，巴州党委副秘书长樊爱琴同志积极联系调研单位，为本书的撰写提供了极大的便利，一并表示感谢。同时，特别感谢新疆财经大学龚巧莉教授和朱宇教授在本书编写过程中的指导和帮助。感谢吕君奎副教授对本教材的编写提出的宝贵意见。感谢学院教务处组织协调案例编写相关事宜，为本书的编写提供了有力支持。此外，本书编写中还参阅了一些与管理学知识相关的文献资料，在此向文献作者表示真诚的感谢。由于编者水平有限，本书中难免有疏漏和不当之处，恳请同行和读者批评指正。

编者

2023年4月10日

目录
CONTENTS

上篇　案例正文 ………………………………………………………… 1

第一章　管理的决策与计划职能 …………………………………… 3
　　案例一　相处时难别亦难，秋风送寒杏叶黄
　　　　　　——华为剥离荣耀的决策 …………………………………… 3
　　案例二　京东方是如何成为面板之王的 ………………………………… 11
　　案例三　发展自我，兼善天下——福耀集团的目标管理 …………… 18

第二章　管理的组织职能 ……………………………………………… 26
　　案例一　楼兰网景的组织结构 ………………………………………… 26
　　案例二　富民之本在得人，强业之源在纳才
　　　　　　——瑞源乳业该如何实现有效招聘 ……………………… 31
　　案例三　用户为本，科技向善——腾讯的迭代企业文化 …………… 37

第三章　管理的领导职能 ……………………………………………… 44
　　案例一　惟其艰难，方显勇毅——民营企业家的领导艺术 ………… 44
　　案例二　"好马"回头留不留 …………………………………………… 52
　　案例三　"技术为本"背后的激励机制 ………………………………… 63

第四章　管理的控制职能 ……………………………………………… 69
　　案例一　奔驰女车主的维权之路 ……………………………………… 69
　　案例二　中行"原油宝"巨亏是一堂惨痛的风险教育课 …………… 73

第五章　管理的创新职能 ……………………………………………… 81
　　案例一　瑞源的创新与成长之路 ……………………………………… 81
　　案例二　中泰纺织集团的"学习型组织"是怎样炼成的 …………… 92
　　案例三　格力的自主创新之路 ………………………………………… 105

下篇　案例使用说明 ······ 115

第一章　管理的决策与计划职能 ······ 117
案例一　相处时难别亦难，秋风送寒杏叶黄
　　　　——华为剥离荣耀的决策 ······ 117
案例二　京东方是如何成为面板之王的 ······ 122
案例三　发展自我，兼善天下——福耀集团的目标管理 ······ 125

第二章　管理的组织职能 ······ 130
案例一　楼兰网景的组织结构 ······ 130
案例二　富民之本在得人，强业之源在纳才
　　　　——瑞源乳业该如何实现有效招聘 ······ 135
案例三　用户为本，科技向善——腾讯的迭代企业文化 ······ 140

第三章　管理的领导职能 ······ 145
案例一　惟其艰难，方显勇毅——民营企业家的领导艺术 ······ 145
案例二　"好马"回头留不留 ······ 153
案例三　"技术为本"背后的激励机制 ······ 159

第四章　管理的控制职能 ······ 164
案例一　奔驰女车主的维权之路 ······ 164
案例二　中行"原油宝"巨亏是一堂惨痛的风险教育课 ······ 168

第五章　管理的创新职能 ······ 172
案例一　瑞源的创新与成长之路 ······ 172
案例二　中泰纺织集团的"学习型组织"是怎样炼成的 ······ 178
案例三　格力的自主创新之路 ······ 183

上 篇 01
案例正文

第一章

管理的决策与计划职能

案例一　相处时难别亦难，秋风送寒杏叶黄
——华为剥离荣耀的决策

摘要：凭借着在5G领域的专利技术，华为技术有限公司（以下简称"华为"）成为5G行业的"领头雁"。而5G的通信设备需要大量高性能的芯片，由于芯片行业的产业链条较长，很难有一家公司能覆盖从材料研发到芯片设计再到生产制造的全过程。虽然华为掌握芯片的设计，但是生产主要是由使用美国半导体设备的其他公司代工，而作为一向掌握通讯科技主导权的美国面对华为的快速崛起，为了保住科技领先的地位，开始对华为进行一系列的制裁，在一轮又一轮的制裁下，华为面临芯片断供的困境。为了让渠道和供应商能够得以延续，华为公司果断做出剥离荣耀的决策，决定整体出售荣耀业务资产，收购方为深圳市智信新信息技术有限公司。华为剥离荣耀之后，不断加大其在自主研发和技术创新方面的投入，从而提升了公司的核心竞争力。同时，华为也在与海外的合作伙伴进行广泛的协作，以扩大其在全球市场的份额。2023年8月29日，华为推出了5G手机Mate 60 Pro，这不仅标志着华为高端手机突破了重围，也标志着华为自研的高端芯片——麒麟芯片突破了封锁线。剥离后的荣耀在智信公司的领导下迅速恢复生产，涅槃重生，解决上、下游合作伙伴的困难，持续为消费者创造价值。

关键词：华为；荣耀；决策

一、引言

华为一直坚持走一条自主创新之路，凭借其持续创新创业的精神和坚韧

不拔的意志，华为不断创造商业奇迹。如今，华为已成为全球领先的 ICT（信息与通信）基础设施和智能终端提供商，却遭到美国一波又一波的制裁，面临着芯片断供的困境，华为该如何走出困境？是时候该做出决策了……

二、公司背景介绍

（一）华为背景介绍

华为创立于 1987 年，是全球领先的信息与通信基础设施和智能终端提供商。截至 2023 年 8 月，华为约有 20.7 万员工，业务遍及 170 多个国家和地区，为全球 30 多亿人口提供服务。

华为致力于把数字世界带入每个人、家庭和组织，构建万物互联的智能世界：让无处不在的连接，成为人人平等的权利，成为智能世界的前提和基础；为世界提供最强算力，让云无处不在，让智能无所不及；所有的行业和组织，因强大的数字平台而变得敏捷、高效、生机勃勃；通过 AI 重新定义体验，让消费者在家居、出行、办公、影音娱乐、运动健康等全场景获得极致的个性化智慧体验。华为提供的产品和服务主要包括电信设备、智能手机、平板电脑、数据中心设备、云计算解决方案、网络安全解决方案等。同时华为还提供咨询、集成和支持服务，帮助客户构建和维护通信网络和信息技术基础设施。

华为的企业文化是"以客户为中心，以奋斗者为本"。华为做任何事情，都是以客户为中心，全力以赴，甚至不顾个人安危——生怕做不好让客户产生不满情绪，同时华为也非常注重员工的长远发展。这种思想理念正是华为持续发展的源头活水。

（1）成就客户：为客户服务是华为存在的唯一理由，客户需求是华为发展的原动力。

（2）艰苦奋斗：华为没有任何稀缺资源可依赖，唯有艰苦奋斗才能赢得客户的尊重和信赖。坚持奋斗者为本，使奋斗者获得合理的回报。

（3）自我批判：只有坚持自我批判，才能倾听、扬弃和持续超越，才能更容易尊重他人和与他人合作，实现客户、公司、团队和个人的共同发展。

（4）开放进取：积极进取，勇于开拓，坚持开放与创新。

（5）至诚守信：诚信是华为最重要的无形资产，华为坚持以诚信赢得客户。

（6）团队合作：胜则举杯相庆，败则拼死相救。

（二）极具传奇色彩的荣耀品牌

荣耀品牌诞生于 2013 年 12 月 16 日，是华为旗下的互联网手机品牌。始终面向年轻人，坚持中低端价位，7 年间发展成为年出货量超 7000 万部的互联网手机品牌。坚持以消费者为中心，坚持"品质、创新、服务"，致力成为备受全球消费者喜爱和信赖的年轻科技潮品。荣耀手机以互联网创新的轻资产模式进行经营，主要是通过华为商城、京东商城以及微信（京东微信购物入口）等电商平台进行销售。荣耀手机拥有超长续航、超强信号和优良品质这三大特质。凭借自身的优势和亲民的价格，荣耀手机在国内外市场上销售极度火爆，取得了喜人的成绩，根据官方统计数据显示：

2013 年，荣耀品牌诞生，当年的销售收入达 1.09 亿美元。

2014 年，荣耀销售收入达到 24 亿美元，同比增长超过 21 倍。

2015 年，荣耀换了将帅，刚上任的赵明带领荣耀品牌走了一条不同的路，就是复制荣耀在国内的成功模式，创造了全球互联网手机的新模式，全年的销售额超过 50 亿美元，销售量超过 4000 万部，取得了可喜可贺的成绩。在全球智能手机市场整体表现疲软的情况下，荣耀手机却逆势崛起，不仅在品牌端赢得赞誉无数，而且在市场端的表现也可圈可点，可谓是品牌、市场双丰收。

2016 年，荣耀品牌的智能手机的销量达 7220 万部，市场表现也很出色。

2017 年，从华为官方公布的数据可知，消费者业务销售收入 2372 亿元人民币，同比增长约 31.9%，约占华为集团年度总收入（6036 亿元）的 39.33%，而华为与荣耀品牌的出货量在 1.53 亿部左右。同时，还有数据显示，荣耀品牌 2017 年的出货量在华为手机总出货量中的占比超过了 60%，也就是说，荣耀品牌本年度的出货量超过了 9000 万部，市场表现超过了不少国产厂商。

2018 年，荣耀品牌的智能手机销量达 5427 万台，实现了 13% 的增长率。

2019 年，荣耀在中国整体市场的份额近 13%，成为排名第四、增长第二的手机品牌。

2020 年，独立后的荣耀以 4380 万台的销量排名第四，国内市场份额达到了 14.4%，在荣耀 V40 没有发布之前，荣耀已经有半年没有发布手机了，尽管如此它还是超过了小米，成为国内排名前 5 的手机品牌。

2021 年，荣耀手机的出货量达 4000 万部，排名全球出货量的第 8 位。

从以上数据可以看出，荣耀品牌自 2013 年开始成为独立品牌之后，凭借实力雄厚的研发团队以及与其他部门的合作，不管是财务报表数据还是市场表现，都能看到这个品牌在发展和成长。从荣耀3C到荣耀3X，再到荣耀6等，发展速度非常快，具有很强的市场活力，荣耀在短时间内取得了有目共睹的成就。

（三）竞争激烈的智能手机市场

最近几年，提到国内外最好的智能手机品牌，很多人都会直接想到华为，但其实除了华为之外，还有一些智能手机品牌发展速度也很快，占有很大的市场份额，比如1938年3月成立的韩国最大的电子工业企业——三星公司；1976年4月创立的美国高科技企业——苹果公司；2010年4月成立于我国的专注于智能产品自主研发的移动互联网公司——小米公司。除此之外，还有诺基亚、宏达电（HTC）、OPPO、魅族（MEIZU）、联想（Lenovo）、中兴（ZTE）、酷派（Coolpad）等品牌在国内外也备受关注。

（四）复杂多变的芯片行业产业链

步入5G时代，手机用户对芯片的AI和5G能力日益看重。虽然国内芯片生产企业，如联发科、天马和紫光等也会发布5G芯片，但其产品普遍应用于低端手机中。华为手机使用的芯片大部分来源于产业链，主要依靠EDA（美国技术）的厂家，比如台积电、中芯国际等企业为华为代工芯片。截至2019年9月，华为历经3年准备与2年研发，在5G相关芯片的研发上已累计投入超过10亿美元，以及至少超过3000名工程师的持续攻关，推出了多项指标世界领先的麒麟990 5G一体化芯片。[1]但是，一方面由于美国对华为的制裁，EDA的生产厂家不能给华为代工芯片，因此华为无法从产业链中获得高端5G芯片；另一方面国内的半导体生产企业发展还不是很成熟，工艺上还无法达到高端5G芯片的生产要求，所以麒麟990 5G一体化芯片无法实现面市量产。这就导致华为自2020年就开始"缺芯"，芯片的短缺严重影响到了华为手机的供应量，进而影响到了上游供应商、下游经销商的持续稳健经营，也影响到了顾客的选择、满意和忠诚。

图穷匕见，美国对华为持续加码的制裁，要害都是芯片。芯片对于5G来说至关重要，5G的通信设备需要大量高性能的芯片。制作芯片的原材料半导体，是一种性能优良的导电材料。由于芯片行业的产业链长而复杂，其上游为提供半导体材料的供应商，下游为5G产业链，同时芯片产业包括芯片的设计、制造、封装和测试等环节，如图1-1所示。所以很难有一家公司能覆盖从材料研发到芯片设计再到生产制造的全过程。华为目前掌握芯片的设计，但是芯片的生产还是由其他公司代工，这也正是美国打击制裁的关键点。

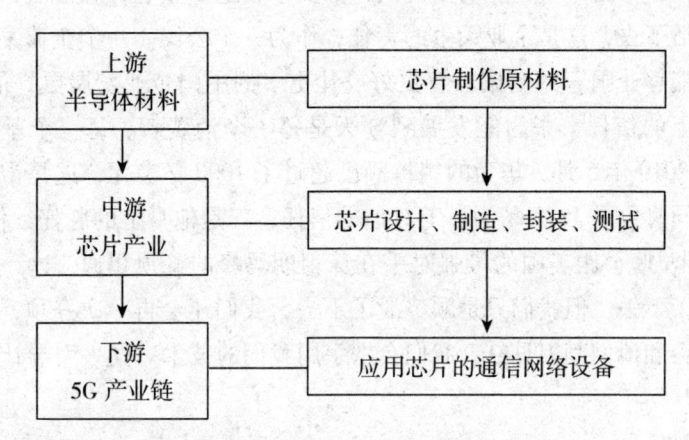

图 1-1 芯片行业产业链示意图

三、放眼全球的战略家

1987 年 43 岁的任正非集资 2.1 万元，在深圳创立了华为公司，当时任正非出任华为公司的总裁。随后 30 多年间，任总凭借持续的创新精神、坚韧不拔的意志，带领华为不断创造商业奇迹，并一步步走出中国，走向世界。2011 年任总以 11 亿美元首次进入福布斯富豪榜，排名全球第 1056 名，排名中国第 92 名。2019 年 4 月上榜美国《时代》杂志 2019 年度全球百位最具影响力人物的榜单。2021 年 4 月，任总以 12 亿美元财富位列福布斯全球富豪榜的第 2378 位。2022 年 4 月 8 日，《财富》杂志发布"2022 中国最具影响力 50 位商界领袖榜单"，任正非位居榜首。《时代》杂志曾这样评价他："任总是一个为了观念而战斗的硬汉。"头雁奋飞群雁随，任总充分发挥了"领头雁"的作用，带领华为不断地发展壮大，取得了可喜可贺的成绩。他经常说："华为没有成功，只是在成长。"

任总曾幽默地称他在华为最大的权力就是思想权，而思想家的作用就是假设。"这不是危机意识，这就是假设，假设未来的方向，只有有正确的假设，才有正确的思想；只有有正确的思想，才有正确的方向；只有有正确的方向，才有正确的理论；只有有正确的理论，才有正确的战略……"这种忧患意识的假设，让华为员工戒骄戒躁，奋斗不息。

2019 年 5 月，央视记者董倩在采访任总时表示，"我们老说他姓任

(rén)，其实任也是任务的任（rèn），从他身上我们可以看出三个任：一是他身上的责任，作为一个企业的负责人，他要带领这个企业，想办法让企业能够很好地活下去，这是企业天生的责任；作为一个公民、一个企业家，他肩负着怎么能让国家的基础教育更好、让更多的中国企业发展更好的责任；二是他身上的信任，华为能发展到今天是每一个消费者、每一个基站的选择，截至2019年5月，华为的销售额已超过了1000亿美元，这是市场对它的信任，同时也是18万华为员工对他的信任；三是他身上的胜任，任总说，'华为公司早晚会跟美国的最强对手在珠穆朗玛峰的峰顶相遇，这一次他们把我们推了下去，但我们只是顺势滑了下去，我们还会再一次登顶，登顶之后我们不会和他们刺刀见红，我们会携手用我们的技术一同去引导让这个世界去受益'"。

四、华为手机面临芯片断供的困境

"没有伤痕累累，哪来的皮糙肉厚，英雄自古多磨难。"2017年，华为正式在全球十多个城市与30多家领先运营商进行5G预商用测试，性能全面超越国际电信联盟的要求。凭借着在5G领域的专利技术，华为成为5G行业"领头雁"，而作为一向掌握通信科技主导权的美国面对华为的快速崛起，美国为了保住科技领先地位，开始对华为进行一系列的制裁。

虽然华为麒麟芯片是自研的，但和美国有着很大的关系，需要大量使用美国的半导体设备生产芯片。因为美国在半导体设备领域份额超过50%，尤其在沉积、刻蚀、离子注入、CMP、匀胶显影等领域，优势很明显。这样美国也可以限制这些芯片代工厂不给华为生产芯片，即使华为设计出了芯片，也找不到生产厂商进行生产。一旦美国限制生产，华为就面临着芯片断供的困境。

2019年5月，美国商务部工业和安全局将华为及其68个附属公司加入限制名单。一开始，华为只是不能从美国购买芯片，也不能委托在美国的公司为其设计和制造芯片。随后在一年多的时间里，制裁不断升级。到2020年8月，任何公司不管在不在美国，只要用了美国技术（EDA）的厂家，比如台积电、中芯国际等，都不能为华为及在名单上的关联公司制造芯片。[2]一系列制裁措施切断了华为麒麟系列高端5G芯片的供应，原来为华为代工的台积电，因为上述制裁措施，从9月14日起，也停止了为华为供货，麒麟芯片转瞬间面临"生死之危"，华为智能手机业务陷入"无芯可造、无芯可买"

的困境。再后来，限制华为的器件供应商只要是涉及美国技术的产品，就不允许供应给华为 5G 设备。这将导致华为在禁令生效前余下的 5G 芯片都将无法使用 5G 功能，美国开始借助在科技行业的技术限制，使所有使用美方技术的企业不得与华为合作，而这也让台积电彻底切断了对华为的供应，作为华为最主要的终端业务市场，芯片的断供致使华为手机在全球手机市场中急剧衰减。

五、华为剥离荣耀

2020 年 11 月 17 日，华为发表声明表示，在产业技术要素不可持续获得、消费者业务受到巨大压力的艰难时刻，为了让荣耀渠道和供应商能够延续，华为投资控股有限公司决定整体出售荣耀业务资产，收购方为深圳市智信新信息技术有限公司。对于交割后的荣耀，华为不占有任何股份，也不参与经营管理与决策。共有 30 余家荣耀代理商、经销商联合发起了本次收购，这也是荣耀相关产业链发起的一场自救行为。[3]

任总在荣耀送别会上说："华为在美国的一波又一波严厉的制裁下，使我们终于明白，美国某些政客不是为了纠正我们，而是想要打死我们。华为短期的困难，我们有能力克服。我们不因自己受难，就要拖无辜的人下水。分布在 170 个国家的代理商、分销商，因渠道没有水而干枯，会导致几百万人失业；供应商也因为我们不能采购，而货物积压，销售下滑，拖累股市。他们有什么错，我们为什么不能承担一些牺牲，你们就是去与他们同甘共苦的，使干枯的渠道在水源未断时，补充满流水。但你们不是救世主，要摆正对客户的心态，忠实地去维护客户的利益，真诚地履行对供应商的承诺。契约精神是你们立于不败的基础。荣耀是生产中、低端产品的，剥离后的荣耀在智信公司的领导下迅速恢复生产，解决上、下游合作伙伴的困难。做华为全球最强的竞争对手，超越华为，甚至可以喊打倒华为，成为你们一个自我激励的口号。未来我们是竞争对手，你们可以拿着'洋枪''洋炮'，我们拿着新的'汉阳造'，新的'大刀''长矛'，谁胜谁负还不一定呢？我们对你们不会客气的，你们有人在竞争中骂打倒华为，他是英雄好汉，千万不要为难他们。"[4]

华为轮值董事长徐直军表示："我们明确了公司未来 5 年的战略目标，即通过为客户及伙伴创造价值，活下来，有质量地活下来。展望全年，尽管消费者业务因为受到外部影响收入下降，但我们有信心，运营商业务和企业业务仍将实现稳健增长。面对挑战,全体华为员工都展现了非凡的勇气和力量,感谢他们的付出。华为依然坚信数字技术的创新,可以为人类社会面临的新问题带来新的解决方案,通过产品和技术创新,帮助推动低碳社会,智能社会的到来。"

六、尾声

没有一个秋天不曾过去,没有一个冬天不可逾越,没有一个春天不会来临。在面临芯片断供的困境下,华为做出了剥离荣耀的决定,从短期来看,华为是有一定的损失;但是从长远来看,华为剥离荣耀之后,市场定位更加明确,可以轻装上阵,走上了一条艰辛的自救之路。华为不断加大其在自主研发和技术创新方面的投入,从而提升了公司的核心竞争力。同时,华为也在与海外的合作伙伴进行广泛的协作,以扩大其在全球市场的份额。最终在2023年8月29日,华为推出了5G手机Mate 60 Pro,采用全新的9000 S级处理器和一套先进的硬件配置,展示了华为强大的技术创新能力。这不仅标志着华为高端手机突破了重围,也标志着华为自研的高端芯片——麒麟芯片突破了封锁线,更给当前面对美国四处围追堵截的中国芯一个定海神针。剥离后的荣耀在智信公司的领导下迅速恢复生产,涅槃重生,解决上、下游合作伙伴的困难,持续为消费者创造价值。

(注:本案例由新疆科技学院徐蔼积撰写,作者拥有著作权,未经授权不得转载、改编、摘编等。)

思考题:

1. 结合材料,分析决策的任务是什么?并说明华为公司所面临的内外部环境?

2. 结合材料,分析决策的影响因素有哪些?并说明华为做出的剥离荣耀的决策是否正确?为什么?

3. 有人认为华为剥离荣耀是一种产业链的自救,也有人认为是一种战略性的调整,还有人认为是一种无奈之举,对此你怎么看呢?

4. 通过此案例,我们可以看出任总身上有哪些特质?

参考资料:

[1] 赵鹏. 华为抢跑5G芯片大战 最强"中国芯"本月商用 [N/OL].

央视网，2019-09-07.

［2］玉渊谭天. 美国"芯"焦的背后［N/OL］. 央视网，2020-08-22.

［3］华为回应出售荣耀：产业链自救让荣耀渠道得以延续［N/OL］. 央视网，2020-11-17.

［4］任正非：荣耀要做华为最强对手，分手后别藕断丝连［N/OL］. 人民日报，2020-11-27.

案例二　京东方是如何成为面板之王的

摘要：改革开放以后我国迎来了成立公司的大爆发期，在这期间众多的国有企业也开始进行改革，其中，北京电子管厂在电子管技术逐渐被半导体技术代替的环境下开始走下坡路，最终改制成立以研发显示器件为主要方向的京东方科技集团股份有限公司（以下简称"京东方"）。在公司成立之后，其他国家和地区的显示技术在不断地进行迭代升级，这样的环境给技术基础薄弱的京东方带来了巨大的生存挑战，但最终京东方在这场关乎技术的博弈中赢得了胜利。

关键词：京东方；OLED；环境分析

一、引言

1993年4月，京东方正式成立，是一家领先的物联网创新企业，为信息交互和人类健康提供智慧端口产品和专业服务，形成了以半导体显示为核心，物联网创新、传感器及解决方案、MLED、智慧医工融合发展的"1+4+N+生态链"业务架构。

截至2022年，京东方累计自主专利申请已超8万件，在年度新增专利申请中，发明专利超90%，海外专利超33%，覆盖美国、欧洲、日本、韩国等多个国家和地区。世界知识产权组织（WIPO）2022年全球国际专利申请排名中，京东方以1884件PCT专利申请量位列全球第七，连续7年进入全球PCT专利申请TOP10。

京东方在2020年7月的时候获得了"新财富最佳上市公司"荣誉称号。当年也进入了BrandZ™最具价值、中国品牌100强榜单中。在2021年1月进入Brand Finance 2021全球品牌价值500强。2022年，京东方进一步巩固显示领域全球龙头地位，Omdia 数据显示，在智能手机、平板电脑、笔记本电脑、显示器、电视等五大应用领域液晶显示屏出货量均位列全球第一；柔性智能机显示屏出货量持续位居国内第一、全球第二；车载显示出货量及出货面积均位居全球第一。作为光电显示技术、产品与解决方案的提供商，京东方是目前国内唯一一家全面掌握 TFT LCD 液晶面板显示技术的中国企业。京东方公司的业务范围涵盖全球多个发达国家和地区，其生产的液晶面板被广泛应用于多个主流电子产品领域。就产业规模而言，京东方目前在业内位于世界第五的水平，并先后被世界品牌实验室、《商业周刊》等权威性媒体评为中国最具价值品牌第 45 位，全球 IT 百强第 80 位。

二、公司背景介绍

（一）京东方简介

"缺芯"和"少屏"是困扰我国半导体行业发展的突出问题。随着我国半导体行业 20 多年来的不懈努力，"少屏"的问题终于得到了解决。2018 年，京东方的液晶显示屏出货量位居世界第一，且在多个相关领域位于行业领先水平。京东方的最高市值曾一度突破 2200 亿元。然而，由于面板行业的快速更迭，京东方在 2017 年创下盈利高峰后，其经营利润便开始逐年走低。2019 年，京东方单个季度的利润仅为 1.84 亿元。为了解决这一问题，京东方开始向智慧医疗和智慧物联领域进军，并进一步扩大面板生产的规模。

1982 年，京东方的创始人王东升初次分配到北京电子管厂工作。随后，其一路从基层员工晋升成为副厂长。1993 年，王东升通过和员工一起筹集的 650 万元种子基金，对国企进行了股份制改造，并以此成立了北京东方电子集团。之后，京东方在 1994 年成立了平板显示项目预研小组，正式迈入液晶面板的生产领域。当时，亚洲液晶面板生产的核心技术基本上被日韩两国垄断，其他国家的企业很难凭借自身的实力进入这一领域。然而随着 2003 年国际 LCD 市场的低迷，韩国现代电子公司大量抛售显示业务，京东方终于等来了发展的机会。当时，京东方以 3.8 亿美元的价格成功收购了现代电子的 TFT-LCD 业务、相关专利以及研发团队，这成为 2003 年我国成交金额最大的一项高科技产业海外收购案。现代电子是一家实力强劲的企业，其在 TFT-LCD 领域的影响力居世界前列，因此当时京东方能够实现这项并购案实际上并不容易。通过这次并购，京东方成功获得了有关 TFT-LCD 领域的三条完整的生产线，并且成功地握有 450 多项发明专利以及 2300 多项专有技术。自此，京东方公司成为我国唯一一家掌握液晶面板核心生产技术的企业，这对我国液晶面板行业的发展来说无疑至关重要。为此，京东方受到了不少我国政策方面的优待。随着笔记本电脑、手机等电子产品的迅速普及，液晶显示屏幕逐渐取代传统屏幕并成为市场的主流。2003 年，京东方准备投资 12 亿美元，在北京亦庄开发区建设第 5 代 TFT-LCD 生产线。该项目的成功建设意味着我国开始正式进入"自主液晶屏时代"。此时的京东方将企业的发展战略分为两个不同的方面：一方面，继续投资建厂，扩大企业生产规模，形成一条完整的产品链；另一方面，加大对于技术研发工作的投入力度，进一步深化对供给侧的改革和完善。

（二）京东方造屏

目前，京东方已是世界最大的液晶面板供应企业，其生产的液晶面板质量在全球范围内遥遥领先。据 CINNO Research 统计，2020 年，中国大陆厂商生产的第 7 代及以上的 LCD 数量占全球生产总数的 53.3%。然而，随着 LED 厂商的大量涌现，全球 LED 市场自 2018 年后呈现出供大于求的局面，LED 的市场价格一路走低。这无疑对京东方造成了巨大的打击。2018 年，京东方的年利润收入仅有 34.35 亿元，较 2017 年缩减了将近一半。2019 年 4 月，三星公司宣布将在 2020 年底彻底关闭设在中韩两国的 LCD 面板工厂，这意味三星将退出液晶面板生产领域。京东方现任董事长陈炎顺表示，京东方将在未来逐步关闭现有的 LCD 生产线，并将企业的主要精力转向 OLED、Mini LED 以及 Micro LED 等产品的研发和生产中。2017 年，苹果在 iPhone X 中应用了三星公司的柔性 OLED 屏幕，成功地带动了 OLED 屏幕在手机市场中的风靡。自此，世界上的主流手机厂商们均开始转用 OLED 屏生产手机。相比于传统的 LCD 屏，OLED 屏幕的优势在于其更轻、更薄、更强柔韧性以及更低的材料成本。此外，OLED 还具有自身发光，无需背光，且耗电更少的特点。而近几年所推出的折叠屏系列手机则是在很大程度上发挥了 OLED 屏的柔韧性。据 IHS Markit 估计，OLED 显示面板的需求在未来还会持续增加，并一度突破 50% 的涨幅。而对于目前以 LED 生产业务为主的京东方来说，这显然不是一个好消息。[1]

（三）OLED 面板与三星的角逐

目前，OLED 面板生产领域的龙头位置一直由三星公司占据着。近年来，京东方一直在其后不停地追赶。从现有的统计数据来看，2019 年，全球 AMOLED 智能手机面板的出货量在 1.8 亿片左右，其中，三星公司的出货量达到了 1.4 亿片，位居全球第一。而京东方公司紧随其后，位居世界第二、国内第一，但仅生产了约 1700 万片 AMOLED 智能手机面板。由此可以看出，京东方目前在 OLED 面板生产领域仍与三星之间存在着较大的差距。

京东方公司对于 OLED 技术的研发起步于 2001 年。2011 年，京东方投资建设了国内第一条 AMOLED 生产线，填补了我国 AMOLED 自主生产技术上的空白。在过去的十几年的时间里，京东方一直致力于 OLED 领域内的行业布局。截至现在，京东方已拥有 3 家 6 代柔性 AMOLED 工厂，并于 2018 年 12 月发出通告，计划投资建设第四家柔性 AMOLED 工厂。2021 年京东方柔性 OLED 智能手机面板出货量约 6000 万片，同比增长近 60%，出货量位居全球第二，与第一名的差距也越来越小。京东方目前还得到了苹果公司的采购订单，用于研发和生产最新一代的 iPhone 手机。就目前的行业现状来看，三星电子具有产业链一体化这一巨大的市场优势。在 OLED 量产的初期，京东方通过对自家产品大肆宣传和新技术的推广，既可以避免对下游客户产生过度依赖，又能够在新技术流行之后成为第一批获利的企业。目前，国内知名的手机厂商，如华为、OPPO、小米等，均为京东方液晶产品的主要用户。华为最新推出的 P40 手机就是用京东方柔性屏生产的。京东方现阶段的企业发展战略是在坚持向下游延伸的同时，力求实现多元化的产业布局。

（四）各地区面板产业发展状况

在十多年以前，液晶面板的核心生产技术大多集中在日韩两国的厂商手中，而中国厂商则一直处于被打压的地位。尽管国内企业为了追赶日韩厂商做出了很大的努力，但由于核心技术的缺失，其市场竞争力很难有较大的起色，只能靠着国家的财政补贴和价格优势来勉强维持生存。之后，信利、京东方、华星光电等新兴企业的出现逐步打破了这一市场格局。通过与日韩厂商开展合作，获得了先进的液晶面板生产技术，再加上国内市场需求的增加以及国家政策的大力扶持，以京东方为代表的面板厂商快速崛起并在国际市场中逐渐站稳脚跟。

据统计，目前全球显示面板厂商的总营业额已成功突破千亿美金，全球显示面板市场的竞争日益激烈。目前，韩国电子厂商在全球显示面板市场上的占有率突破了 50%，遥遥领先其他国家；反观日本电子厂商，JDI（日本显示器公司）和夏普的发展现状似乎并不乐观，2016 年，夏普由于经营亏损问题已被富士康收购；中国台湾地区"面板双雄"群创和友达目前表现出较强的市场竞争力；大陆方面，京东方、天马和华星光电一直保持着较高的发展速度，继续保持下去将有望赶超日本的显示面板厂商，而韩国厂商则依然是挡在我国显示面板厂商面前的一具庞然大物，其成功经验值得我国厂商学习和借鉴。

三、放眼全球的战略家——王东升

2019年5月20日，京东方公司正式发布了董事会换届公告。公告中提道："王东升先生认为京东方管理层更新换代的时机已经到来，表示自己将不再参与到下一届的董事选举中，并希望京东方能够在新一届董事会的带领下继续走向辉煌。"王东升提出，企业家必经的三个阶段分别是创业阶段、经营阶段和交接阶段。目前企业已经进入了交接阶段，作为创始人身份的企业家怎样进行企业交接，是众多企业一直面临的重要问题。

王东升提出的成功企业家必经的三阶段某种程度上是对其思想很好的阐释，随着科技和时代的不断进步与发展，对于国内许多企业而言，如何成功度过这三个阶段是需要重点考量的问题。想要确保企业的可持续发展，就要避免交接班阶段出现事故。王东升在《董事会》访谈中提道："京东方当前的经营状况让我非常满意，不论我是作为创始人的身份还是旁观者的身份，我相信在企业的后续发展过程中，都能够一直保持这种良好的状态。"企业家的顺利交接，更多的还是依赖于其前期的积累。通过对受邀参与《董事会》专访的众多企业家了解后可以看出，创始人的成功交接需要特有的精神支撑，企业的凝聚力也建立在此基础之上。在众多现代化新兴企业中，王东升以其卓越追求、创新发展、不懈奋斗的良好品质为自己赢得了良好的口碑，同时其优秀的企业家精神也值得学习。他认为"企业家需要创建良好的财务系统，能够对资源进行妥善利用，具备经营理念，也要怀有理想主义，致力于为社会做出更多贡献。我在建立京东方时并非只将其当作公司来经营，而是想要将其建设为社会公共发展的辅助工具。"由此可见，京东方的创建充分展现了王东升"企业为公"的思想。

王东升创办的京东方最开始是源于其对于员工和公司的热爱，在不断发展过程中逐渐上升到了国家层面，即以企业的形式为社会发展提供助力。现在，京东方的发展目标为致力于发展成功企业，为社会创造更多价值。王东升认为，企业的价值来源于其所能做出的社会贡献，为人类的进步与社会的发展创造价值。王东升这种致力于为人类事业创造价值的伟大企业家精神和他的个人经历有密切的关系。王东升于1957年出生在浙江省，曾任职村干部，在高考制度恢复后就读于杭州电子工业学院，随后在北京电子管厂工作。该厂在当时是我国最具规模的电子厂，但在1987年起经营不善，公司一度濒临崩溃。受到计划经济体制向市场经济体制转变的影响，其自经营产品与市场所需逐渐背离。这次经历使王东升深刻地认识到，只有基于专业化、市场化、国际化的模式促进发展，才能够确保企业的平稳运营。

四、京东方成功突围

TFT-LCD产业属于高技术类型产业，其中涵盖了材料学、微电子技术、新型制造、光电子显示技术等多个技术学科，其主要经营项目为基础电子器件，该产品的重要程度与半导体芯片相当，广泛应用于手机制造、电脑显示器、彩色电视、笔记本电脑制造中，具有巨大的发展潜力。产业主要特征包括高风险、高投资、高科技，即便是十分普通的生产线也需要消耗大量资金，然而随着科学技术的迭代更新，产品创新速度进一步提升，企业应持续提高自身的创新能力，否则会直接影响到企业的持续发展能力，更是在经营过程中面临着巨大风险。从2003年韩国TFT-LCD业务被京东方彻底收购之后，其发展速度飞快，收购项目除了有一些设备机器、建筑厂房等固定资产以外，同时还包括创新能力、技术与专利及世界范围内的销售网络等隐性资产。以此为契机，京东方开始致力于液晶面板技术的创新研发，并开始将国外产业逐渐转移至国内发展。经过数十年的发展，京东方一直是我国液晶面板行业的领军企业，在创新发展过程中一直遥遥领先。京东方于2003年打造了我国第一个5代液晶面板产线；在2005年开发了5代线投产，我国迎来了液晶显示器的快速发展；2011年开创背景8.5代线投产，迎来了大尺寸液晶显示屏时代；2015年5月在LTPS/AMOLED技术基础上开创了新的生产线，在高性能显示器行业中一直占据着重要市场位置。我国液晶显示屏创新速度持续提升，离不开京东方长期不间断地研发。京东方一直秉承着7%左右的科研强度，在行业内部始终占据着领军地位。尽管困难重重，但京东方依旧以创新开发为首要目标，在研发方面投入大量的资金。[2]

受到科技创新的影响，现阶段京东方逐渐发展成为唯一一个在国内本土地区具备完善的半导体显示器生产、可借助自身科技力量达到市场占有率提升的液晶显示屏企业，同时也是我国唯一一个具备TFT-LCD技术国家工程实验室的企业。现阶段的京东方拥有2.6万个以上的可应用专利项目，其中2014年申请了5116项专利项目，是世界范围内第一家产品覆盖率达到38%

的企业；设计生产的产品类型众多，包括110英寸（1英寸=2.54厘米）的超高清ADSDS液晶电视，具有9.55英寸的AMOLED柔性显示屏，其98英寸8K超高清显示屏是全世界范围内最大尺寸的电视，该产品甚至获得了吉尼斯世界纪录的认证。从京东方生产经营的利润来看，最初创业阶段的收益仅有0.8亿元人民币，现在已达到了300亿元人民币以上。企业在2013年的收益为30亿元人民币，2014年收益为40亿元，终于摆脱了持续亏损的局面。到2015年3月31日为止，企业综合资产为1366亿元人民币，总股本为352.9亿元，净资产达到了771亿元人民币，相比于最初创业阶段，其增产率在百倍以上。

五、尾声

京东方自身价值波动与其现金流、收益、利润等会计绩效及政府支持之间有着直接的关系。企业在发展过程中受到政府与资金支持在前两个经营周期中产生的效果并不明显，从第三个周期开始企业的收益率才开始不断上升。从实际情况来看，首个周期中的出口率与收益率在持续提升，但提升幅度有限，然而其收益能力却表现为不断降低的状态。在第二周期中由于世界范围内金融风暴的干扰，企业出口率与收益率持续降低，然而受到市场作用与政府扶持开始了"逆周期型"经营，以巨额投资的方式对生产线进行优化，同时对产能进行扩张。从第三周期开始，企业的收益能力与竞争能力才开始逐渐展现出来，同时取得了较为可观的收益效果。企业在2017年的出口额为498.12亿元人民币，营业额为938亿元人民币。企业的市场占有率持续增加，根据IHS数据可知，企业在2017年的销售量达到4亿片，在全世界范围内的排名达到了首位。依照群智咨询提供的世界液晶电视显示屏销售量名单，企业在2018年与2019年的销售量都排在世界首位，这两年的销售量分为5430万与5330万片，出货面积达到了2910万平方米。根据群智咨询全球智能手机面板出货数据追踪，2020年全球智能手机面板出货共计18.88亿片，同比增长6%，其中京东方（BOE）以4.08亿片出货量排名第一。[3]在当地政府的长期支持与帮扶下，京东方当前已是世界生产量最高的手机与平板屏幕企业，无论是在国际市场还是国内市场中占有率都处于持续增长的态势。根据上述内容可知，市场与政府对企业的帮扶需要长周期才能起到一定成效。

（注：本案例由新疆科技学院魏其武编著，作者拥有著作权，未经授权

不得转载、改编、摘编等。）

思考题：
1. 结合材料，分析并说明京东方所面临的外部环境？
2. 运用具体环境分析方法分析该行业中现有企业的竞争情况。

参考资料：
［1］京东方2020柔性折叠OLED出货近百万 全球第二［N/OL］. 信息早报，2021-03-23.
［2］新知新觉：提升制造业协同创新能力［N］. 人民日报，2017-05-26（7）.
［3］群智咨询. 2020年全球智能手机面板市场总结［R/OL］. 人民网，2021-02-24.

案例三　发展自我，兼善天下——福耀集团的目标管理

摘要： 福耀玻璃工业集团股份有限公司（以下简称"福耀集团"）是以汽车玻璃的研发、生产以及销售为主营业务的跨国公司，该集团始终坚持推行学习与创新的价值理念，一路披荆斩棘，其产品获得了国内外诸多汽车企业的认可和选择。福耀集团一直采取最新的管理方式，并且不断地创新与改进。在建厂之初，福耀集团便在各工厂和部门实施目标管理，多年的实践证明，目标管理增强了福耀集团的管理能力，优化了公司的产品品质，使公司取得了更多的收益。福耀集团推行的目标管理具体包含目标制定、目标执行和成果评价三个部分。在此管理模式之下，福耀集团多次荣获各种世界级的管理奖项。

关键词： 福耀集团；目标管理；收益

一、引言

长期以来，福耀集团一直稳居《财富》评选的我国500强企业名单上，曾荣获"CCTV最佳雇主""中国最佳企业公民"等荣誉称号。曹德旺作为

公司的董事长，他从1987年至今总计捐款多达160亿元，被社会称为"首善"。2016年福耀集团的玻璃产品摘得金凤凰奖，而且评委会给予了曹德旺很高的评价，认为其引领福耀集团发展，使全世界的汽车玻璃行业格局产生了巨大的变化。2009年，福耀集团荣获安永企业家全球奖。2018年，曹德旺成功入选我国百位优秀企业家名单。在这些奖项的背后，福耀集团自始至终坚持"勤劳、朴实、学习、创新"的企业核心价值观，并始终坚持推行目标管理办法。福耀集团首先在主要厂房和部门运用全分解式目标管理办法管理员工，之后逐渐拓展到各工厂与部门。经过长期的实践证明，目标管理可以让公司的运营管理优化，深度挖掘公司的潜能，优化公司的产品质量。该集团实施的目标管理模式具体涉及下面三大阶段：目标制定阶段、目标实施阶段以及目标成果评定阶段。在全分解式目标管理模式之下，福耀集团的生产与建设有条不紊地进行着。

二、公司背景介绍

（一）福耀集团背景介绍

福耀集团，1987年成立于我国福州市。福耀集团是以汽车玻璃的研发与生产为主业的跨国集团。1993年该集团顺利在上海证券交易所上市，2015年又在香港证券交易所上市，至此构建起了"A+H"模式。

自创立以来，福耀集团矢志为中国人做一片属于自己的高质量玻璃，当好汽车工业的配角，秉承"勤劳、朴实、学习、创新"的核心价值观，坚持走独立自主、应用研发、开放包容的战略路线。经过三十余年的发展，福耀集团已在中国16个省市以及美国、俄罗斯、德国、日本、韩国等11个国家和地区建立现代化生产基地和商务机构，并在中美德日设立11个研发设计中心，全球雇员约2.9万人。福耀产品得到全球知名汽车制造企业及主要汽车厂商的认证和选用，包括宾利、奔驰、宝马、奥迪、通用、丰田、大众、福特、克莱斯勒等，为其提供全球OEM配套服务和汽车玻璃全套解决方案，并被各大汽车制造企业评为"全球优秀供应商"。

福耀集团是"工业4.0"的积极探索者和实践者。公司以智识引领发展，以创新为驱动，通过智能制造，为客户提供一片有"灵魂"的玻璃，其信息技术与生产自动化方面位居全球同行业前列。近年来，福耀集团先后荣获"中国质量奖""智能制造示范企业""国家创新示范企业""国家级企业技术中心"等各类创新荣誉、资质。[1]

（二）福耀集团管理简介

放眼我国整个汽车玻璃业，福耀集团不管是在技术水平、还是在公司规模与出口总量上，都远远超过其他的供应商，福耀的产品受到国内外客户的广泛认可，同时也获得中国质量协会的肯定，成功入选我国用户最满意的产品之一，其产品上印制的"FY"商标成为我国汽车玻璃行业截至目前仅有的"中国名牌"，该集团的董事会也被评选为"十佳董事会"，集团通过长期努力经营，现如今已经成为 A 股市场上最具发展前景的 50 家公司之一。

福耀集团全面推行质量成本控制体系，成为我国业内第一家经过多项质检体系认证的汽车玻璃公司。福耀集团引进国际领域最先进的业务管理模式与流程，成功构建了 ORACLE ERP 系统；福耀集团非常重视人才的培养，同厦门大学等高校建立了校企合作关系，共同创办了福耀管理学院，面向员工开展多样化的培训；福耀集团关注品牌建设，努力提高产品质量，集团生产的每一种产品均获得了多项标准认证，诸如美国的 DOT 标准、我国的 3C 标准等。2000 年被福特公司评选为"全球优秀供应商金奖"。

福耀集团优质的产品、高水平的开发中心、健全的产品线，同时搭配强大的生产能力，这些因素共同促使福耀产品具备强大的市场拓展能力，印制有"FY"商标的汽车玻璃在我国汽车玻璃配件市场上占据相当高的份额，还在错综复杂的全球市场中占有稳定的地位。伴随国内改革开放进程日渐深入，大众的生活质量持续提升，汽车越来越普及。福耀集团势必能够借此东风，顺势而上。"成为汽车玻璃供应商的典范！"已然成为福耀集团的核心目标。在此目标的引领下，本着"质量第一、效率第一、信誉第一、客户第一、服务第一"的经营宗旨，福耀集团成为汽车玻璃产品、设施等开发、制造于一体的大型公司，同时正积极地将福耀玻璃研究所打造成为在国际领域拥有广泛影响力的研发机构，并且通过不断对整个产业链的建设，努力将福耀集团打造成全球品牌。在 2006 年，福耀研究院经过国内多个部门的共同评定，成为"国家认定的企业技术中心"。

福耀集团积极建设质量成本控制体系，打造先进的业务流程与管理模式，采用经典的目标管理办法，经过长年累月经营实践证明，这套管理办法非常有助于福耀集团的管理。福耀集团相当关注培训工作，打造世界领先的研发中心，且自始至终都在管理模式中融入了全分解式的目标管理方法，使各个厂房与部门能够激发出巨大的潜能，齐头并进为汽车玻璃专业供应商树立典范。

三、曹德旺介绍

福耀集团的董事长——曹德旺，他曾经写过一本叫《心若菩提》的书。这本书从曹德旺的贫困童年，讲到他创业经历了一路摸爬滚打，矢志不渝地坚持诚信为本、天道酬勤和铁肩担道义的经营理念与经营哲学，最后带领福耀集团一步一步走出国门，走向世界。[2]

曹德旺作为福耀集团的创建人和董事长，同时他还担任了诸多社会职务，诸如我国光彩事业促进会的副会长等。曹德旺从小家庭条件不好，非常贫困，因此他没有念完中学便不再继续读书了，16岁就在大街上做过小买卖，在小饭店做过厨师，还从事过自行车修理等工作，很早就经历了社会的磨砺，了解生活的艰难与不易。1976年，他进入一家玻璃厂担任采购工作，之后该厂因经营不善快要关门时，他决定投资将其承包下来。20世纪80年代初，我国汽修市场上的进口玻璃每块可以卖到上千块。这让曹德旺的民族自尊心受到了很大的刺激。"我知道了自己应该去做汽车玻璃，中国人应该有一块属于自己的玻璃，应该有一片从自己的玻璃看出去的天空。"1986年，40岁的曹德旺把事业的重心转移到汽车玻璃领域，之后他开始对汽车玻璃展开研究，并且取得了成功，在汽修市场上用自己制造出的玻璃代替了进口玻璃。后来，他用自己挣到的第一笔资金创建了耀华公司，这就是福耀集团的前身。

几十年的悉心经营，曹德旺凭借坚韧的毅力与持之以恒的决心，让我国汽车玻璃业由依靠进口到进口量为零，让"为国人做一块属于自己的玻璃"这一目标得以实现。曹德旺获得了社会广泛认同，同时他作为董事长被社会评价为"真正的首善"，截至现在，曹德旺总共捐出大概160亿元，其捐助项目涉及助学、扶贫等诸多领域。2011年5月，曹德旺捐出名下3亿股福耀玻璃股票，发起了河仁基金会，获得了有关部门批准正式成立，捐赠当日市值35.49亿元，这不仅是国内资产总额最高的基金会，而且还是第一个通过股票形式为公益助力的案例。他还持续多年荣获"中华慈善奖"，这是国内慈善界最高荣誉。曹德旺立德立功的伟岸企业家形象，树立了一个很好的企业家形象标杆，鼓舞了无数的后辈，他以实际行动让中华优秀传统文化发扬光大。

四、福耀集团的目标管理

福耀集团在曹德旺的引领下，披星戴月、披荆斩棘，经历了一次次的蜕变。福耀集团秉持"发展自我，兼善天下"的核心价值理念，迈过了一次次危机，突破了一个又一个的天花板。福耀集团在员工管理的过程中，始终坚持着目标管理办法，鼓励员工发展自我，不断追求卓越与蜕变，在自身能量达到一定程度后，要兼善家人、朋友、公司和社会。以下是福耀集团目标管理办法的目标制定阶段，目标实施阶段以及目标成果评定阶段。

（一）目标制定阶段

福耀集团能够常年保持稳健的经营管理，且不断突破自身天花板，追求卓越，离不开福耀集团始终坚持的全分解式的目标管理办法。首先是制定总体目标：集团经过对国内外市场相关产品的需求情况与业内竞争局势展开调查分析，同时结合公司长远发展目标和公司实际生产力，制定了"三个提高""三个突破"的方针。其中，"三个提高"代表公司竞争优势、经济效益以及管理能力的提高。"三个突破"表示在产品品质、市场占比以及劳动生产率三个方面有所突破。基于"三个提高"与"三个突破"方针，工厂需要设计出详细的总目标计划，同时与全厂员工不断地商讨与补充完善。最后，通过大会反复研究，确立了集团的年度总目标。

其次是部门目标的建立：这是整体目标的逐层分解、逐层实现。不同部门的子目标是经过不同部门与不同厂区共同协商确定的。第一步确定项目，然后制定每个项目的指标和施行办法。分支目标制定是基于总体目标，原则是各个部门的目标价值总和必须超过总目标价值。不同分支目标还可以划分成一般目标与强制考评目标两大类。其中，前者是部门平时工作及其合作项目所需实现的目标，后者是工厂派发的生产指标与部门绩效需要实现的目标。

最后是目标的进一步分解与实施：在明确部门目标的基础上，必须针对具体目标逐层细分。部门内所有员工目标的制定方式和标准同部门目标的制定方式和标准相类似。部门目标分解后，每人领取一张自己的目标卡，目标卡用于确定员工个人目标，部门则承担员工目标的考评工作。部门目标的细化以流程图的形式展开。详细过程为：第一，把部门目标细化到不同的职能组；第二，将职能组目标细化到每个厂区、每个班组；第三，将班组目标细分至员工个人。通过以上的层层分解，将整个工厂的总体目标落实到每个员工身上。

（二）目标实施阶段

在实现目标的过程中，主要有以下三项任务：

第一，自我检查，自我控制，自我管理。目标卡经工厂部门批准后，一份保存在工厂部门，另一份由员工自行保管。由于不同部门、不同员工均拥有清晰、量化的目标，因此在完成目标期间，员工往往会更加主动、更为积极地去完成各自的目标，同时对这些目标展开自控、自评以及自我管理。此种"自我管理"可全方位激发部门及其员工对待工作的热情，全方位发掘其才能。所以，过去领导仅负责下派任务和检查，下属仅将任务进度汇报给上级这种传统管理模式得到彻底的转变，所有员工对待工作的主动性均得到充分的激发，每个生产部门和职能部门的总体绩效出现明显提升。

第二，加强绩效考核。尽管福耀集团将目标管理的周期设定成1年，但为确保经济责任制得到充分的落实，对推行期间目标的进度和预设目标计划之间的差距进行有效纠偏，工厂推行季度与年度考评措施。一年三次季度考核与年终考核办法的合并实施，对于督促职能部门与个人目标的完成有着明显的帮助。提升考核频次与加强考核质量的做法，有效地促进了责任落实到职能部门，落实到个人，考核频次的增加，也更加清晰了问题是出自哪里，大大提高了问题的解决效率。

第三，注重反馈。目标实现的过程中，福耀集团非常关注目标反馈，采用"两个信息"的反馈方法：

建立"工作质量联系单"，充分体现不同部门完成任务的质量状况与不同部门之间配合完成目标的情况。特别是当一项工作在两个部门之间出现纠纷，不清楚具体的责任出自哪个部分的时候，工厂管理部门可以通过"工作质量联系单"明确分析出问题的过错方，及时给出批评与整改意见，这大大提升了调查的效率，防止出现工作分配不清晰，责任分配不到位等问题的产生，进而极大程度地提高了部门总体的业务效率，减少各部门之间的摩擦与不和谐现象的发生。

通过"修改后的目标计划"对目标进行调整，包括原定目标项目完成计划、原目标存在问题、修改原目标的原因、修改后的现行目标，等等。"修改后的目标计划"还规定，在工作的各方面条件有所改变，要对原先预设的目标进行调整的情况下，责任部门需填写"修改目标计划"表，同时将其交给战略指挥部门，通过厂领导与会议审批之后，才可以对原先预设的目标加以变更，由于修改目标会牵涉到公司多个方面的工作调整，因此，调整目标必须慎重。新定目标在实施过程中，各部门需要密切关注现行目标是否符合主客观条件发展需要，如有必要，还需对新目标进行更新与调整。"修改后的目标计划"可促进不同部门的责任意识提升，提高他们完成任务的积极性，让工厂不同部门由以往等问题出现，被动处理问题，转为积极寻找和发现现行目标下的现行生产状况存在的问题，并在问题的萌芽期将其扼杀。

（三）目标成果评定阶段

目标管理是根据福耀集团各部门实际生产情况进行管理，所以，目标结果的评价环节同样属于重点。集团工厂采用了先"自我评估"，后工厂考核的办法与方案。该具体方案如下，强制完成的考核目标是45分，而未强制考核的目标是15分，总分是60分。每超出各目标上限的2%加1分，依次递加。倘若员工个人目标当中存在没有完成的任务，但是对别的部门目标实现不会产生影响，扣2分。倘若员工个人目标当中存在没有完成的任务，但是对别的部门的目标达成造成了一定影响，扣4分。基于45分考核目标的基础上，每增加1分，员工获得部门奖金的额度便会增长1%，但是每扣掉1分，员工获得的部门奖金额度便会扣掉1%。如果员工个人总目标中其中一个目标的完成度未达到要求的60%，奖金将被扣除至少7%，如果员工个人目标中一个目标的完成度未达到要求的40%，奖金将被扣除至少21%。

五、尾声

福耀集团在曹德旺的带领下，一路披荆斩棘，乘风破浪，摘得的不仅仅是汽车玻璃领域的种种桂冠，更是中国社会和世界人民的信赖。"发展自我，兼善天下"的核心价值观始终支撑着福耀集团克服一次又一次的大风大浪，迎着更高更大的海浪，这艘刻着"福耀"的巨型邮轮未曾有过一丝退缩，在国际的蓝海中滑出属于福耀的彩虹航线。

（注：本案例由新疆科技学院孙文雷撰写，作者拥有著作权，未经授权不得转载、改编、摘编等。）

思考题：

1. 我们在研究福耀集团的目标管理过程中，需要注意什么问题？
2. 结合材料分析，目标管理的优缺点有哪些？

3. 增加和减少员工奖金的发放额是实行奖惩的最佳方法吗？除此之外，你认为还有什么激励和约束措施？

4. 你认为实行目标管理过程中，培养严肃的管理环境和形成自我管理的机制哪个更重要？

参考资料：

[1] 福耀集团概况［EB/OL］. 福耀集团官方网站，2023-09-18.

[2] 曹德旺. 心若菩提［M］. 北京：人民出版社，2020-10.

第二章

管理的组织职能

案例一 楼兰网景的组织结构

摘要： 新疆楼兰网景科技有限公司（以下简称"楼兰网景"）是一家根植巴州地区的、专注于互联网产品研发与服务的本土互联网公司。由于公司处于初创期且规模较小，组织结构采用的是自上而下的垂直领导，统一指挥、统一命令的直线制组织结构。随着公司规模的扩大，外部市场的激烈竞争，核心员工相继离职，同类企业如雨后春笋般涌现，近几年，公司业绩下滑，从而导致利润减少，公司面临着内忧外患的局面，公司负责人田瑞不得不思考组织设计是否符合实际，组织结构是否为企业战略而服务，在此情形下，动态调整企业的组织结构势在必行。

关键词： 楼兰网景；集权管理；组织结构；利润下滑

一、引言

2022年伊始，这是一个晴朗而又明媚的早晨，清晨的阳光是宁静淡雅的，让人感到心平气和、心旷神怡。手中拿着笔记本电脑，心中带着调研的问题，调研组一行有幸来到了新疆库尔勒市迎宾路电子商务双创孵化基地505室楼兰网景，公司的员工年轻有活力，工作精神饱满，办公室弥漫着你追我赶的快节奏气息，看到大家那种铆足干劲只争朝夕加油干的精神，我们被深深地感动了……随后总经理田瑞带着我们参观了他们的办公场所，了解我们此次调研的目的后，田瑞毫不吝啬地向我们介绍了公司8年来风雨兼程的创业及奋斗发展史，分享了创业的艰辛以及公司组织设计存在的问题……

二、公司背景介绍

2014年3月，楼兰网景在库尔勒正式成立，该公司是一家服务于巴州本地互联网产品研发的自媒体公司，为广大客户提供互联网方案咨询、技术咨询和服务、数字营销咨询、行业代运营等服务。

公司于2016年取得增值电信业务经营许可，2020年取得食品经营许可，2022年取得人力资源服务许可，在法律法规的许可下开展相关业务及经营性人力资源服务业务。它是在巴州境内最早取得相关资质的互联网服务的企业，巴州自媒体协会会长单位、库尔勒市新的社会阶层人士联合会副会长单位，是政府采购定点服务供应商。

巴州在线是楼兰网景公司具有一定号召力和影响力的品牌，在巴州地区覆盖范围比较广泛（包括八县一市），处于民间新媒体平台第一梯队。巴州在线品牌实现平台全覆盖，不仅有网站、微信、抖音等社交平台，而且覆盖今日头条、哔哩哔哩、知乎等国内知名平台，是巴州本地优秀的互联网服务商，2021年公司总经理被巴州宣传部授予巴州文化产业领军人才的称号。

截至2022年1月，巴州在线微信粉丝拥有量14万，微博总粉丝数短期内实现了快速增长。"巴州在线"品牌在第三方平台也处于领先地位，"今日头条"累计阅读量已达到1000万次，"巴州在线"全平台每日服务超过20万用户。

另外，楼兰网景还拥有巴州招聘、巴州美食等垂直类自媒体，以及"巴州优选"本地电商平台，楼兰网景的产品树如图2-1所示。

三、小身板大能量的创始人

田瑞，楼兰网景执行总裁，负责楼兰网景的整体运营，有21年的互联网从业经验。自2001年起成为个人站长，曾就职于国内著名的电商企业及数字媒体中心，主要负责互联网产业的研发及推广应用。担任巴州自媒体协会会长、库尔勒市新的社会阶层人士联合会副会长，是巴州政协委员。因深知创业的艰辛与不易，田瑞的公司管理战略思想和管人理念采用的是集权式管理，将对公司管理的控制权集中在自己手上。一个拥有50多人的企业只有一个执行总裁和一个总经理，而且都由他一人担任。

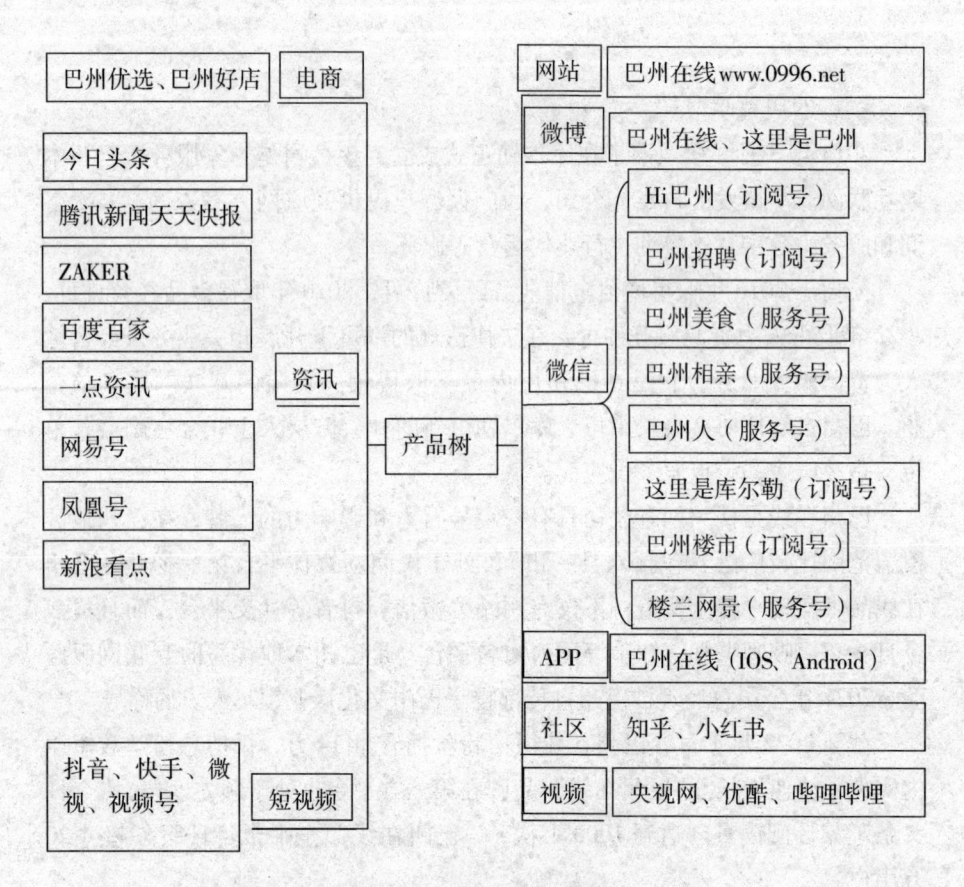

```
电商 ─ 巴州优选、巴州好店
资讯 ─ 今日头条
       腾讯新闻天天快报
       ZAKER
       百度百家
       一点资讯
       网易号
       凤凰号
       新浪看点
短视频 ─ 抖音、快手、微视、视频号
产品树
网站 ─ 巴州在线 www.0996.net
微博 ─ 巴州在线、这里是巴州
微信 ─ Hi巴州（订阅号）
       巴州招聘（订阅号）
       巴州美食（服务号）
       巴州相亲（服务号）
       巴州人（服务号）
       这里是库尔勒（订阅号）
       巴州楼市（订阅号）
       楼兰网景（服务号）
APP ─ 巴州在线（IOS、Android）
社区 ─ 知乎、小红书
视频 ─ 央视网、优酷、哔哩哔哩
```

图 2-1　楼兰网景产品树

四、自上而下垂直领导

楼兰网景刚成立时，由于规模较小，采用的是直线制组织结构，总经理直接控制各个部门，没有任何中间层的衔接。这样的组织架构设置简单、权责关系明确、有利于组织的有序运行，体现了高效执行的文化服务理念，楼兰网景组织结构如图 2-2 所示：

五、田总的困境

自 2020 年以来，多年的集权管理模式及直线制组织结构，造成员工流失。田瑞曾经很自豪自己的业务团队个个都是精兵强将，而他自己是个精力劲十足、从业务起家的人，不免有些"重业务轻管理"的思想。直到有一天，运营部门的负责人李主管突然来到他办公室提出辞职。没有想到的是，

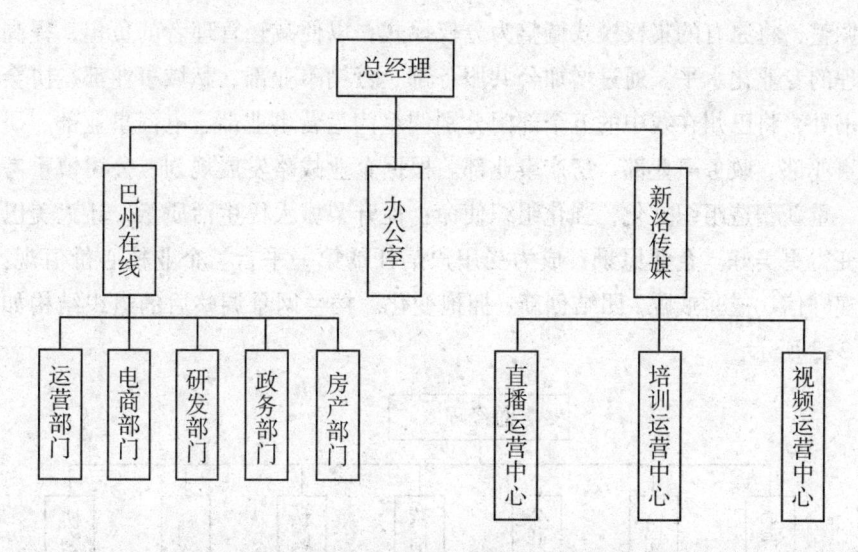

```
                        ┌─────────┐
                        │  总经理  │
                        └────┬────┘
           ┌─────────────────┼─────────────────┐
      ┌────┴────┐       ┌────┴────┐       ┌────┴────┐
      │ 巴州在线 │       │ 办公室  │       │新洛传媒 │
      └────┬────┘       └─────────┘       └────┬────┘
  ┌────┬───┼───┬────┐                  ┌───────┼───────┐
┌─┴┐ ┌┴─┐ ┌┴─┐ ┌┴┐ ┌┴┐              ┌─┴─┐   ┌─┴─┐   ┌─┴─┐
│运││电││研││政││房│              │直 │   │培 │   │视 │
│营││商││发││务││产│              │播 │   │训 │   │频 │
│部││部││部││部││部│              │运 │   │运 │   │运 │
│门││门││门││门││门│              │营 │   │营 │   │营 │
└──┘└──┘└──┘└──┘└──┘              │中 │   │中 │   │中 │
                                    │心 │   │心 │   │心 │
                                    └───┘   └───┘   └───┘
```

图 2-2　楼兰网景公司直线制组织结构图

李主管的辞职只是一个开始，短短一个月内，电商部门及研发部门另外两个核心部门的员工也相继提出离职，田瑞通过与两个离职员工面对面的交流，深入了解到表面虽因个人及家庭原因离职，但背后真正的原因是该公司的组织结构设计存在一定问题，随着公司规模的不断扩大，组织为了完成目标，需要将总体目标进行层层分解，这时要求组织对公司的各项事务及员工实行精细化管理，以便实现组织的目标。

六、接受挑战

田瑞面临着第一次守业大困境，每天都疲于应付各种问题：核心人物的接连辞职，新招来的人员与老员工之间缺乏有效的配合，员工积极性普遍不高……田瑞深刻地理解了一句话：不授权的老板经营的永远是一人公司，授权的老板经营的是亿人公司。虽说是年轻的小微企业，但是一味的集权模式是否可行？自上而下的垂直领导是否适合企业的快速发展？是否能够实现组织的战略发展目标？目前公司的核心部门都是年轻人负责业务，他们没有出色的能力，不能担当大任。大浪淘沙，弱肉强食，经过多年自媒体激烈竞争，剩下的每个都是强手。官方融媒体中心、云客、库尔勒我的家，每个都是竞争者？大家比的是综合实力，是持久的耐力。

经过股东的深思熟虑，为了更好地发展壮大公司的业务，争取更多的利润空间，楼兰网景决定在公司试行新的组织结构，对公司的组织机构进行优化调整，将原有的集权模式调整为分权模式，以便减轻管理者的负担，提高管理的专业化水平。通过增加公共服务部、营销事业部、私域事业部、协会秘书处，将巴州在线中的五个部门分别调整为运营事业部、电商事业部、研发事业部、政务事业部、房产事业部。根据企业战略发展规划，公司慎重考虑，重新塑造组织文化，强化组织使命：提升梨城人民生活质量，让大美巴州变得更美好。企业愿景：成为受用户信任的第一平台。企业核心价值观：诚实守信、戒骄戒躁、团结创新、拥抱变化。楼兰网景调整后的组织结构如图2-3所示：

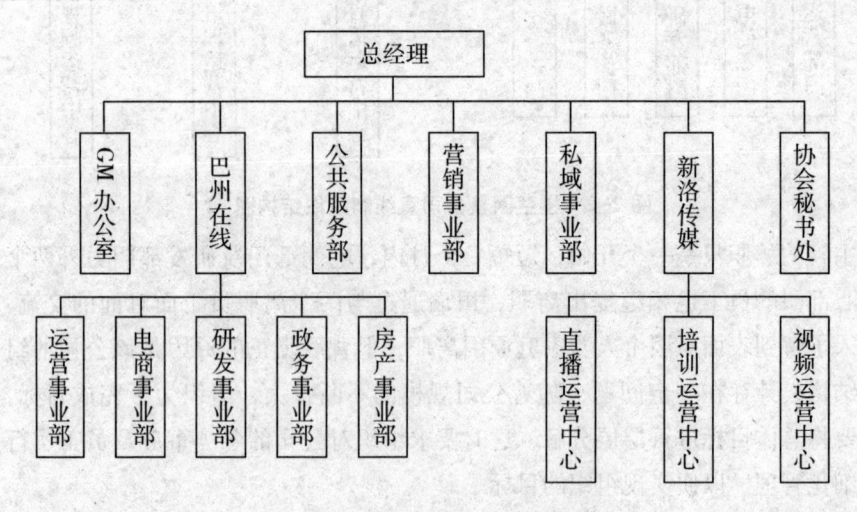

图2-3 楼兰网景调整后的组织结构图

楼兰网景新的组织结构试行了一段时间，巴州在线作为楼兰网景的重要品牌，下设五个部门分管不同的业务，在近期举行的巴州网络春晚的选拔赛中，运营事业部和电商事业部的重要性逐渐凸显，田瑞发现直线部门和职能部门协调难度逐渐加大，新的组织结构缺乏一定的弹性，对环境变化反应迟钝。这让田瑞不得不重新思考，是否优化现有的组织结构，真正地实现组织结构能够更好服务企业的战略……

七、结尾

如今坐在对面的田瑞流露出成功企业家的自信，相信未来企业的营业额定能不断攀升，无论面临怎样的内忧外患，一个善于坚持的人，都善于找到解决困难的办法。在自媒体快速发展的背景下，前路漫漫；在"互联网+"模式下，新的组织结构定能更好地服务于企业战略，提高公司在市场的竞争力。

（注：本案例由新疆科技学院苗莉撰写，作者拥有著作权，未经授权不得转载、改编、摘编等。）

思考题：

1. 结合材料分析，楼兰网景之前的组织结构有哪些特点、优点和缺点？
2. 根据所学内容，分析组织结构进行调整时组织设计应遵循哪些原则？楼兰网景的组织结构是否合理？
3. 请结合所学内容，分析楼兰网景应该如何优化公司内部组织结构？并试着画出优化后的组织结构图。

参考资料：

本案例资料由新疆楼兰网景科技有限公司提供。

案例二　富民之本在得人，强业之源在纳才
——瑞源乳业该如何实现有效招聘

摘要： 人才是企业发展的根本，是最重要的资源。企业的快速发展和改革创新需要人才支撑。优秀的企业想要谋求发展壮大需要一支优秀的人才队伍来支撑，企业骨干人才队伍建设必定会通过组织变革创新源源不断地吸收骨干成员和储备干部以应对人才流失，最终逐渐培养出高度忠诚的核心员工。有效招聘即可视为将基层员工作为新鲜血液引入到企业中，因此现代企业的人才队伍建设对于企业的长远发展有着深远的意义。坐落在新疆巴音郭楞蒙古自治州库尔市开发区的新疆瑞源乳业有限公司（以下简称"瑞源乳业"），是一家高新技术企业，主要产品为纯鲜奶、学生饮用奶、酸奶、乳酸菌饮料等"瑞源"系列制品，也是新疆乳类产品的龙头民营企业。但是龙头企业在招聘时也会有诸多困难，如：公司人事部门辛辛苦苦组织一次招聘，从策划、信息发布、简历筛选、通知面试，好不容易面试完毕，当公司通知面试合格的新员工上班时，却发现他们不来了或者是来几天就无声无息消失了。这样的经历在所有 HR 们的职业生涯中都或多或少会碰到。特别是

在公司急需新人补充，时间紧急，没有时间安排复试，更没有安排岗前面谈程序的时候以及那些规模有限、管理尚待规范、待遇不是特别高的中小型企业，HR 主管可能会频频遭受这样的"打击"。为什么企业求贤若渴，"千里马"们却自个儿走开了？是应聘者素质太差，还是工作失误呢？碰到这样的情况该怎么办呢？本案例通过对民营企业瑞源乳业的现场调研与深入分析，揭示当前企业人才招聘中存在的一些现象，探讨民营企业在自身发展过程中如何进行人才招聘和培养，建设自己的人才队伍。

关键词：有效招聘；人员配备；企业管理

一、引言

从古代开始，就有许多求贤若渴或怀才不遇的典故，例如东汉末年杰出的政治家、军事家、文学家、书法家，三国中曹魏政权的奠基人曹操在《短歌行》写道："月明星稀，乌鹊南飞。绕树三匝，何枝可依？山不厌高，海不厌深。周公吐哺，天下归心。"这里是说夜晚月光明亮但星光稀疏，空中一群寻找巢穴的鸟儿朝着南方飞去。挥舞着翅膀绕着大树来来回回好几圈，到底哪里才是他们的栖息之地呢？山脉之所以巍峨耸立是因为不拒土石堆积沉淀，大海之所以浩瀚壮阔是因为不弃涓流汇聚。我希望自己能如同周公一般礼贤下士，期盼天下的各路英杰英雄豪杰真心归顺与我。亦有唐代李商隐《贾生》道："宣室求贤访逐臣，贾生才调更无伦。可怜夜半虚前席，不问苍生问鬼神。"意为汉文帝为了求贤纳士，召见了被贬的臣子们，其中与才能高明无人能及的贾谊深夜促膝长谈时只问服药求仙的鬼神之事，只字不提国计民生。

从以上的两个典故都体现出了有效招聘的重要性。求职与招聘构成了求职者与用人单位之间复杂的劳动关系，那么人才从哪里来？是不断从外界招聘优秀人才还是从企业内锻炼培养？当今企业发展日新月异，人才争夺日益激烈，如何才能保证企业有效招聘？

类似的情况还发生在瑞源乳业，2020 年冬天，窗外有些寒冷，公司负责人于董事长在办公桌前，一手抚摸着额头，一手看着手中近几年来的人员入职和离职统计情况，陷入了沉思。如何实现有效招聘和培养员工？招聘员工数量和类型、招聘人员企业文化培养、招募培养成本和预算费用等问题仍然深深困扰着她。于董事长尝试过高薪培养、优先内部选聘提拔、优化工作模式、加深员工人文关怀等诸多措施来降低离职率，但一直见效甚微。尤其是公司财务管理高级人才一直都是公司的紧缺人才，不久前才通过猎头公司聘请到的财务总监，近期又多次出现员工离职现象，前两天，公司高薪聘请的一个员工对她说："我觉得自己已经很努力了，但还是感觉跟不上您的节奏。"所以她决定辞职。于董事长这时才发现，自己平时忙于业务生产和公司其他事务，没有注重对员工心理的把握和管理。究竟怎样才能达到有效招人留人呢？想到这里，她下定决心，一定要想办法解决这个问题……

二、公司背景介绍

（一）瑞源乳业简介

瑞源乳业坐落于新疆维吾尔自治区巴音郭楞蒙古自治州库尔勒市开发区，是一家高新技术企业，主要产品为纯鲜奶、学生饮用奶、酸奶、乳酸菌饮料等"瑞源"系列制品，也是新疆乳类产品的龙头民营企业。

巴音郭楞蒙古自治州的巴音布鲁克大草原是中国第二大草原，也是中国最大的高山牧场，地处天山深处，群峰环抱，溪流密布，水草丰美，在蒙古语中，意为丰富泉水的巴音布鲁克大草原，是新疆的牧业基地之一，水源丰美，纯净而没有污染，瑞源乳业就诞生于这片纯净的土地上。自2001年4月成立以来，集奶牛养殖场农业综合开发，乳制品生产加工营销于一体，是新疆科技兴新标志性工程，新疆科技兴新项目承担企业之一；也是新疆重点龙头企业，巴州重点支持的"小巨人"企业；国家级学生饮用奶定点企业，是专业生产加工纯鲜奶、学生饮用奶、酸奶、乳酸菌饮料等"瑞源"系列制品的高新技术产业企业，目前是新疆境内规模大、设备最先进的乳制品生产企业之一，也是自治区首批允许使用鲜奶商标产品的企业，4000多个销售网点遍布全国，各类奶产品已在北京、广东、海南、山东、江苏等地上市。创新，是瑞源乳业发展的原动力。瑞源乳业致力于在"一带一路"倡议的号召下，深入推进"互联网+瑞源"，聚焦发展智能、绿色的生产，打造出更安全、更健康的特色乳制品智能化绿色工厂。瑞源乳业依托新疆的地理优势，凭借巴音布鲁克高山牧场纯净的奶源，"以城市合伙人"的模式，争取将瑞源打造成为更安全、更健康、更美味的特色乳制品生态系统，用3~5年的时间，将瑞源打造成为中国特色乳品第一品牌！

瑞源乳业在人员考核方面主要体现在职业品德、工作态度、工作能力和工作业绩四个方面。公司采用的考核方式基本覆盖考核对象的全部工作内容，从而对被考核者做出了全面的了解和评定。公司高层注重体验式和头脑风暴等方法，积极合理地培训、指导和激励下属员工工作；提倡员工人文关怀，设立了自我考核、自我奖励、月初设定月末考核、开质询会、根据不同权重标准开展自我管理和自我打分等活动，以多种形式鼓励员工提升自我价值。

公司拥有大量的高级职称、中级职称人员以及经过专业培训的技术工人，组织结构健全。中高级职称职工以及经过专业培训的技术工人分布在各阶层。主要的招聘途径包括猎头公司等评选高级特殊人才、校园招聘以及通过招聘广告、网上公开招聘等方式。

三、瑞源乳业高产能背后的困境

人勤春来早，实干正当时。2022年春节假期刚刚过去，库尔勒市不少企业就已早早吹响开工号角，开足马力、加大生产，力争新春"开门红"。装盒、封箱、统计……2月8日，瑞源乳业的生产车间里，全自动化生产线已全部开启，伴随着不绝于耳的机器运转声，几十名工人穿着洁净服、戴着洁净帽正在生产一线紧张有序地忙碌着，车间储货区内，一箱箱奶制品整齐叠成一座"小山"。据工作人员介绍，2022年开年，市场形势一片大好，订单更是爆满，目前生产线上每日产量能达120吨~130吨左右。

但是由于订单量比平时翻了近3倍，近期大家吃住都在厂里，实行两班倒，管理岗位全部下到车间，几乎所有人力都扑在了生产线上，上上下下全力赶生产。几天下来，每年的离职高峰期又到来了，因为工作压力大、时限长、薪酬加班奖励不高等原因，短短几天就有十几名员工离开了工作单位。据统计，2020年人员规模200人左右，中高层5人，人力资源管理部1人，中高层管理者较少，例如人力资源管理部门，有时由行政部门或后勤部门主管兼任。据统计，2020年瑞源乳业招聘人数为112人，但离职人员近80人，尤其是年轻求职者中入职不到一年就离职的比例较高，原因多为薪资问题、寻求新的职业发展空间、无法适应公司环境或任务压力大、个人绩效差等，最后只好选择辞职走人。

董事长于瑞红根据公司工作岗位需要分层进行人才招聘，发现公司财务管理方面比较薄弱，所以花重金聘请业内高级专业人才提升财务管理水平，利用电子财务系统全部连接供应链，使业务和财务融合。虽然企业生产采用全自动化流水线生产模式，整个生产车间只需2~3人便可掌控整个生产环节。但是个别环节仍需要人工操作，在公司人工操作忙不过来的时候，公司上下不分级别职位，都会去生产线上帮助生产。是什么原因导致一个公司在领导和员工都很努力的背景下仍然产生了人力资源管理方面的问题呢？

四、管理问题凸显、员工去留不定

（一）人员管理模式有待完善

在瑞源乳业走访期间，通过人事报表可以发现，目前企业人力资源管理机构设置和人员配备存在个别不合理的现象，人事主管有时由行政部门或后勤部门兼任，出现中高层管理者少，人力资源部门仅有1人的情况。个别方面可能还存在家长式管理模式，大多数职工个人诉求和利益保障性相对较低，导致缺乏"纠偏"机制，局限性和随意性难以使大多数员工信服。

虽然瑞源企业长期都比较注重人力资源投入，例如节前给员工父母发"感恩红包"、职业提升培训、实行股权激励机制等措施，但是现实条件下大多时候存在人才和信任危机。从人事主管那里了解到，人事管理部门长期对外招聘相关乳制品生产的车间工作人员以及财务管理和人事管理人员，但是一直存在招聘缺口。

（二）人员流失、百因必有果

瑞源乳业的部分员工在繁忙时，不仅要负责部门职责工作，还要兼顾其他部门工作，在订单暴涨的时候甚至还要下车间工作，两班倒的工作模式，在这样的情况下，有些员工甚至一个月都回不了一趟家，对于一些家在内地的员工，有时候还可能出现逢年过节在公司度过的情况。这可能超出了员工的承受压力或者抑制了员工的工作积极性和工作活力，最终出现恶性循环。瑞源乳业员工的薪酬工资总量应该跟企业的总体收益直接挂钩，工资总量与企业效益相适应，应该根据订单收益合理提升员工的薪酬，根据工作量核准薪酬奖励比例。

瑞源塑造的是一种"家"文化，当遇到车间生产工作繁忙的时候，其他员工也会到生产线去帮忙，这种员工内部各岗位部门之间不分高低贵贱一起工作、一起加班、一起吃饭的工作环境能够加深团队的凝聚力。但是仍然存在部分员工对企业面对艰难时刻临时改变的工作安排不理解的情况，少数员工认为每天两点一线的上下班，没有积极向上的心态，因此瑞源乳业中的此类现象也是导致个别员工离职的原因之一。

（三）完善招聘机制，体现招聘效益

在招聘时前些年就以应届毕业的大学生群体为主，对于巴州乃至新疆的

各地高校都采取广泛招聘的原则，通过春招、秋招等多种方式，给刚毕业的大学生们提供很多实习的岗位。因为那几年瑞源的招聘策略是更注重应聘人员的发展潜力以及可塑性，以便为企业将来的发展储备人才，但是刚毕业的大学生们在下到车间不到一个月的时间里，由于车间生产线上的体力劳动和朝九晚五的工作模式，以及每月实际工资和预期相差较大，导致新招录的大学生离职率比较高。公司的招聘部门每年年初都会主动参与企业和各部门的人力规划，深入一线去了解企业内部各部门人员的流动去向，切实掌握各部门在企业各阶段真实的用人需求，以便制定出合适的招聘策略和方案，从而为企业持续输送合适的血液。只有拥有选择标准并掌握和应用了标准，企业的招聘才能做到有目的性，否则只注重人才是否优秀，是根本不可能从众多候选人中挑选出企业真正需要的人才，如果优秀的人才被企业放到了不合适的岗位上，很容易造成人才的流失和其他负面影响，从而给企业带来极大的浪费和损失。由此可见，瑞源乳业人员流动性大、不稳定，产生这种原因的根本问题，一方面和招聘条件有关，另一方面和岗位安排合适与否有关，在瑞源的招聘理念中，"合适"一直都是反复强调的一个重点词汇。如何将双向选择落到实处，真的是对招聘人员能力的重要体现，而事实上很多 HR 在实际工作时，可能出于完成公司给他的招聘 KPI 指标等原因，是不会将企业存在的问题和现实状况向应聘者如实介绍的，对于这一方面，瑞源乳业特色招聘模式得到了员工们的肯定。在招聘的时候，瑞源采用了比较灵活的招聘方式。面试前期，企业不管是在招聘刚开始还是在最后一轮面试，都会始终将双方彼此满意作为招聘人才的基础，最后还会专门安排相关负责人和应聘者谈话，将企业发展前景、当前现状、普遍存在的问题等内容，向应聘者做出客观的介绍，新入职的员工有一段时间的适应期，在适应期间可以直接了解公司的生产模式、工作环境、薪资待遇水平等。

　　根据不同的情况，保证用人部门对招聘工作的参与程度。于董事长在安排人力部门的时候，一直要求具体的用人部门必须和招聘组人员一起完成招聘工作，甚至在很多特殊时候都规定用人部门对招聘的配合程度占更大的比重，因为它决定了招聘的成败（但生产一线操作员、后勤等简单岗位的招聘则极少作如此规定），而且对于大多岗位，后期还会在正式招聘之前建立一个面试资格人员管理制度，对所有参加面试的面试官进行培训，只有在培训合格后才能获得面试资格，并且每年进行审核，凡是不合格的、把关不严等情况的面试官都将被取消资格。

五、尾声

二十多年的不断创新和发展，瑞源乳业规模不断扩大，人员不断增多，公司内部员工的管理问题也日益得到改善。以于瑞红董事长为主的领导者们不断攻坚克难，现如今，瑞源乳业已经建立起了合理的人员招聘和培养模式。董事长于瑞红明白，一个优秀的领导者会在做好企业管理和综合经营管理的同时，尽力考虑为员工提供一个良好的工作环境，使他们能发挥自己所长，有机会学习，可以分享才干，同事之间和睦相处，身心愉悦，体现自身价值。员工们之所以愿意跟随领导者，支持他们，帮助他们实现企业的一个个宏伟目标，是因为管理者和员工们之间存在着关心、信任、理解、尊重、赞美、激励的同时，尽可能地给他们减轻工作压力，挖掘他们的潜能，这样才能达到企业与个人共同发展，企业与个人共同成长，企业与个人利益的双赢，最后共同创造企业的辉煌的目标。

（注：本案例由新疆科技学院刘涛撰写，作者拥有著作权，未经授权不得转载、改编、摘编等。）

思考题：

1. 从瑞源乳业的具体案例中，你认为现阶段瑞源乳业人事管理方面有哪些缺陷？
2. 请分析应该如何制定方案以解决目前瑞源乳业所面临的这些问题。
3. 结合材料分析，瑞源乳业应该如何加强员工关系管理？
4. 结合材料分析，瑞源乳业应该从哪几方面完善公司招聘原则和体系，并切实执行，才有可能实现企业人才招聘效益的最大化？

参考资料：

本案例资料由新疆瑞源乳业有限公司提供。

案例三 用户为本，科技向善——腾讯的迭代企业文化

摘要：深圳市腾讯计算机系统有限公司（以下简称"腾讯"）是我国领

先的互联网企业之一,在互联网企业中具有先进典型的文化传播经验。腾讯最核心的观点是"一切以用户价值为归依"。对于产品是用户至上,对于企业内部是员工至上。腾讯以用户思维发现员工需求,腾讯的 HR 让员工在内部"大吐槽",来收集员工需求。腾讯以产品思维制定员工政策,腾讯的每一项管理制度都会经过调研、分析、制订、执行、反馈等周期,并通过员工的反馈不断完善。公司发展到不同阶段,员工对公司的需求和公司对员工的要求都是不一样的,腾讯以这样一个用户产品思维来发展公司文化,不断地发展和完善,让腾讯的公司文化在时空中生长。

关键词:腾讯;文化;新愿景;价值观

一、引言

1998 年 11 月 11 日,腾讯公司诞生。25 年来,腾讯文化经过 3 次迭代 1 次升级,从 1.0 时代进化到 3.0 时代。2003 年,腾讯经过 5 年的创业发展,首次提炼出了文化 1.0 版本,这是创业初期文化的萌芽;2011 年,腾讯文化 2.0 发布,将腾讯价值观定义为:正直、尽责、合作、创新;2019 年初,为了适应公司迈向国际化的步伐,文化 2.0 升级为 2.1 版本,原价值观"尽责"升级为"进取",鼓励与帮助员工与公司共同成长;2019 年 11 月 11 日,在腾讯成立 21 周年纪念日这天,腾讯文化再次迎来全面迭代,进化为 3.0 版本,并将"用户为本,科技向善"作为公司核心文化理念,价值观同时升级为:正直、进取、协作、创造。

原始的企业文化起源于创始人的团队,那么成功的企业注重不断丰富发展文化的独特性。腾讯的员工从一开始的几个人到全世界 4 万多人,形成开放文化。同时,获取文化也对他们每个人都产生了深远的影响。

从成立至今,腾讯一直坚持"一切以用户价值为依托"的理念。随着公司业务日趋多元化,越来越多的人才选择加入腾讯企业的大家庭。随着腾讯不断改革的展开和深化,腾讯文化也向 3.0 时代迈进,这是历史的传承和新时代的发展。

二、公司背景介绍

腾讯是一家全球领先的互联网技术公司,致力于通过创新的产品和服务提高全球的生活质量,公司始终以科技创新为宗旨,以造福社会为目标。腾讯的通信平台和社交服务技术关系着全球大约10亿人，体现在亲友之间的联系，出行的便捷，支付、生活、娱乐方面的便利。腾讯拥有影响全球的电子游戏和其他优质数字内容，为中国乃至世界的用户带来了多元的体验感。腾讯还提供了广告、金融技术、云计算等企业服务相关技术，支持相关产业数字化转型，推动相关业务发展。

2021年，华为和阿里巴巴更新了企业的理想，腾讯自然也加速了展望和使命的更新。中小企业需要创造一种文化。其实很多中小型企业都很重视企业的理想和目标，但它们却没有能力建立自己的创业文化。战略控制决定企业的下限，而战略规划决定企业的上限。资源的汇集决定企业的命运、文化和发展。中小企业必须考虑到创造附加值的重要方面，以便文化能够刺激企业的快速发展。

三、腾讯业务

（一）通信与社交

腾讯在人与人之间的联系上，发展和提供多样化、便捷的通信技术和社会手段，通过创新平台加强联系，促进沟通，改善生活。

（二）数字内容

腾讯坚持以高质量的内容和技术为动力，探索社交网络与下一代内容的整合。腾讯重视版权和知识产权对科技产业发展的重要影响。在尊重版权的基础上，腾讯继续在内容商业生态系统中探索潜在的知识产权，以帮助其发展。到目前为止，腾讯的数码产品主要由游戏、视频、直播、新闻、音乐、文学、腾讯会议APP等组成。

（三）金融科技服务

发展理念受到高度评价、综合评价、综合导向、有限回报，基于微信支付和QQ支付两大平台，实现了人与金融、金融与生态的联动。

四、企业文化

2019年11月11日，在腾讯21周年司庆之际，腾讯正式宣布升级使命愿景和价值观。腾讯的新使命愿景为"用户为本，科技向善"，新价值观则为"正直、进取、协作、创造"。这是腾讯企业文化的3.0版本。

（一）正直——坚守底线，以德为先，坦诚公正不唯上

在腾讯的发展历程中，最重要的生命线有两条，一条叫"用户"，另一条叫"责任"。起初,创始团队唯一的目的就是做出最好的产品。腾讯注重细节,求创新,抱着"不辜负用户,与用户做朋友"的理念创造了沟通软件平台"腾讯QQ",由此腾讯抓住机会不断发展,脚踏实地获得现在的成就。在过去的21年里,腾讯一直坚持这个理念,无论面临什么样的困难和选择,腾讯始终坚定地走在正确的道路上。

通过科技让我们的日常工作更有意义、更有价值。2008年汶川大地震发生时,腾讯通过科技手段,用善行紧急打造线上捐赠搜寻平台,后来,腾讯科技融入善意的理念不断涌现"99天公益金""发展援助平台"和"AI"帮助警方打击绑架和寻找失踪儿童的方法。通过不断的实验研究,科学技术造福的认识、思考和选择变得更加地清晰和坚定。科学技术的发展日新月异,科学技术的运用极大地增进人类社会的福祉。值得一提的是,在99个公共工程日内,将为1000万元以下的项目设立公益金。腾讯成立可持续社会价值事业部,计划共投入1000亿元公益基金。腾讯不断更新其业务和技术创新,例如:"微信"是一个与朋友一起无偿为农村儿童提供课外读物的团体,付费后参与"碳中和"问卷交换,从而获得低碳公共产品;QQ音乐让中高频听力损失的用户能够完整地听到一首歌。在暴雨等重大社会突发事件中,公共产品紧急应对突发事件时,腾讯开始使用技术力量管理资源,使用数字技术连接援助,协调物资的运送,朝着数字化迈出坚实的一步。[1]

(二)进取——无功便是过,勇于突破有担当

公司坚持诚信传承的价值观,即鼓励员工"继续坚持到底,以德为先,诚信公平不唯本",这一价值观得到公司总部的高度赞赏和员工的高度认可。我们坚持继承进步的价值观,强调"没有信用是夸大其词,我们有勇气突破,勇于承担责任";同时,赋予"创业"更高的标准和内涵,鼓励员工不断追求卓越,对高管有更高的指引和要求。腾讯计划不晚于2030年实现自身运营及供应链的全面"碳中和",实现100%的绿色电力。

腾讯董事长兼首席执行官马化腾表示:"作为一家互联网科技公司,腾讯秉承'以用户为导向,科技向善'的愿景和使命,对推进自身的碳中和负有不可推卸的责任。他认为这是企业应尽的社会责任,也希望主动承担使命和义务,在国际社会低碳转型、打造可持续发展未来的过程中做出贡献。"

除了致力于实现自身"碳中和"目标,腾讯还希望通过促进开放创新和知识共享,并利用平台和产品的覆盖面和影响力,推动社会的低碳转型。腾讯将重点推行以下举措,助力消费者、企业和社会实现"碳中和"的目标:

通过开发可持续发展主题的小程序和手游,倡导低碳生活和绿色消费;数字化助力产业低碳转型——为企业的数字化运营和低碳减排提供技术支持,促进工业部门实现低碳转型;推动可持续社会价值创新——通过促进包括碳捕集、利用和封存(CCUS)价值链在内的伙伴关系,推进"碳中和"关键技术的发展。[2]

根据"科技促善"的任务,2021年成立了可持续社会价值部(SSV),研究碳的质量和可持续中和,共享社会价值,通过实施可持续技术创新提高社会福利、产品创新和模式创新。腾讯在中国产业互联网发展联盟中发起组建"碳中和"专委会。该联盟旨在建立专利技术开放使用组织,让更多的企业免专利费使用到更多的低碳技术。腾讯现已加入"科学碳目标倡议",并计划加入可再生能源倡议行动RE100。RE100是一个由"气候组织"和"碳披露项目"领导的全球可再生能源倡议。该倡议要求参与的公司承诺在2020年至2050年期间实现100%使用可再生电力,并逐年制订计划。公司将在年度ESG报告中披露有关减排和其他"碳中和"举措的中期进展情况。腾讯的ESG报告刊载于官网,供公众随时查阅。

(三)协作——开放协同,持续进化

从"合作"到"协作"的转变有着明确的价值取向。这是"开放合作、持续发展"。在内部,我们应该扩展模式,开放边界,与具有开源思维的组织合作,使用与互联网思维一致的方法和工具;在外部,我们应该全面协调合作伙伴和生态力量,以创造更多价值。我们希望这种导向能带来个人成长,促进组织发展。

为推动亚运会的发展,亚奥理事会与亚洲电子体育联合会于2022年1月开始举行会议,签署了举办"亚运会"的合作协议。亚洲奥林匹克理事会总干事侯赛因宣布了亚洲奥林匹克理事会与腾讯之间的战略伙伴关系,希望科学、技术和创新能力将帮助亚洲奥林匹克理事会和亚洲体育联合会为亚洲电子竞技的发展创造更多的机会。

腾讯高级副总裁马晓轶指出,长期以来,他会继续为亚洲体育及电子体育的发展提供支援。亚洲体育联合会主席何启刚宣布,会在洲际运动会、文化、人才等方面,与腾讯公司紧密合作。腾讯副总裁兼总经理胡淼表示:腾讯将全力支持运动会,积累组织比赛的积极经验,促进运动员及相关从业人员专业技能的培养,促进亚洲体育交流,进而促进民族和地区的文化繁荣和发展。

(四) 创造——超越创新，探索未来

从"创新"到"创造"的转变意味着对"创新未来方式"的更高需求。这就要求我们不断突破现有思维，保持对前瞻性领域的关注和投入，创造更注重成果的附加值，通过创新实现更大的社会价值。

腾讯亮相迪拜世博会，展示创新科技影响力。2022年1月18日腾讯展示了数字技术为公共事业、文化及企业等各个方面带来的积极影响。在迪拜世博会中，腾讯举办了一场70分钟的全球直播，介绍了科技在环境保护、数字生活和文物保护方面的应用。

1. 驾驭AI的力量

腾讯与世界自然基金会合作，建立数字技术监测平台，以获取雪豹栖息地的重要数据，同时能够更全面地监测雪豹。

在祁连山国家级自然保护区，这个由人工智能驱动的监测平台能够帮助巡护员保护全球仅存的8000只雪豹。研究人员还利用云端数据和模型，后期复制到其他自然保护区的运营中。

多年来，腾讯服务中国及世界各地的企业和大众，助力实现数字化转型。制造业和医疗卫生行业是企业把握人工智能浪潮的两个典范。腾讯一直在与中国的工厂紧密合作，为其提供人工智能解决方案，帮助制造行业质检提高缺陷筛查效率。腾讯的医疗AI技术也用于辅助前线医生快速筛查疾病。

随着公众对医疗保健的意识不断提高，腾讯研发了更多的人工智能解决方案，帮助改善各种身体健康状况。例如，腾讯会议旗下的腾讯天籁实验室，透过天籁语音降噪技术帮助听障人士识别和去除环境噪声。[3]

2. 数字化的魅力

线上直播的热潮正席卷中国的各行各业，其中一个突出的领域是文化遗产保护。

多年来，腾讯公益慈善基金会设立专项基金，用于修缮久经风沙侵蚀、动物和人为破坏的喜峰口长城。我们利用数字技术对修缮工程进行3D建模，还通过微信视频号实时直播，吸引了广大公众的关注与支持。

此外，非营利组织以及地方政府也在积极举行直播活动，让人们能够更切身地认识这些历史悠久的文化瑰宝。早在2020年，腾讯便联动地方推出了"云游敦煌"的小程序，鼓励人们线上游览敦煌。敦煌莫高窟闻名遐迩，拥有超过五万平方米的古代壁画。截至2021年年底，已经超过6000万人次参与"云游敦煌"小程序上的线上游览敦煌和创意互动，是过去两年里实际能

够到达敦煌莫高窟参观的线下游客人数的近 20 倍。腾讯在世博会中表示将做好个人、行业及社会的数字化助手，以科技创造美好将来。

五、尾声

文化不是写在纸上或挂在墙上的。腾讯的文化始终体现在能够产生深远影响的产品和服务中，体现在致力于改变世界的公司成员身上，也体现在决定性的决策中。使文化融入我们的生命，是一种历史的选择。腾讯通过对企业文化的向往、认同、落实、坚守和传承，让"用户为本，科技向善"成为腾讯文化的信念，让"正直、进取、协作、创造"成为腾讯的坚持。

思考题：

1. 结合材料，分析腾讯的组织文化体现在哪些方面？
2. 结合材料，企业文化有什么功能和价值？
3. 结合材料分析，如何塑造企业文化？

参考资料：

[1] 腾讯年度慈善活动"99 公益日"再次登陆香港［R/OL］. 腾讯公司官方网站，2021-09-07.

[2] 腾讯碳中和目标及行动路线报告［R/OL］. 腾讯公司官方网站，2022-02-24.

[3] 腾讯 AI 公布全景布局，助力 AI 与产业融合发展［R/OL］. 腾讯公司官方网站，2020-7-10.

第三章

管理的领导职能

案例一 惟其艰难，方显勇毅——民营企业家的领导艺术

摘要： 本案例主要描述了新疆瑞源乳业有限公司（以下简称"瑞源"或"瑞源乳业"）董事长于瑞红女士带领犹如家人般的团队奋斗出属于他们的一片蓝天。从聚福楼的老板到如今的自治区劳动模范，角色的转换以及工作中重大决策的推进都充满了挑战，但"路漫漫其修远兮"，正是于瑞红的领导特质、领导力、人格魅力以及坚韧不拔的个性铸就了"真实坦荡，雷厉风行"的企业家精神，拼出来了伟大的梦想，在她的领导下，瑞源乳业从10万元起家，从无到有，从有到优，发展至今拥有3亿元资产，销售收入高达3亿元的国家农业产业化龙头企业、国家高新技术企业、自治区级科技创新示范企业、自治区扶贫龙头企业。在公司的发展战略中，打造中国特色乳品第一品牌，让瑞源乳业成功上市是于瑞红的梦想。

关键词： 企业家；领导力；领导风格；领导有效性

一、引言

2021年1月5日，我们有幸来到了瑞源乳业进行实地调研，在公司人力资源部总经理侯总的带领下，集中参观了瑞源，了解了瑞源的发展历程，参观了乳制品加工流程并了解到瑞源的特色产品"铁木真的干粮"。随后，在充满爱的文化会议室，我们见到了大气、干练、顽强且具有人格魅力的女中豪杰于瑞红，得知此次调研目的后，于瑞红毫不吝啬地介绍了自己的创业史以及瑞源的发展史。

二、公司背景介绍

新疆瑞源乳业有限公司成立于2001年4月，其不仅是经巴音郭楞蒙古自治州、库尔勒市两级政府批准建立的乳制品加工企业，同时也是新疆维吾尔自治区教育厅批准、教育部备案的勤工俭学校办企业。瑞源是专业生产加工纯鲜奶、学生饮用奶、酸奶、乳酸菌饮料等"瑞源"系列制品的高新技术产业企业，是目前新疆境内规模大、设备先进的乳制品生产企业之一，也是自治区首批允许使用鲜奶商标的企业之一。

在巴音郭楞蒙古自治州党委政府的大力支持与关心下，瑞源乳业得到了跨越式的发展，公司以"诚献绿色健康、塑就世纪品牌"为宗旨，产品连续两年被评为乌洽会"名优产品"，并且被巴音郭楞蒙古自治州政府命名为"小JR"企业，成为巴州乳业的龙头企业。

三、有爱、有缘、有瑞源

2001年初春，瑞源乳业刚刚成立，公司高管在会议室召开会议时，于瑞红与公司高管在会上讨论公司未来5年的发展规划，大家积极发言。A高管："首先我们要找准市场定位，拓宽销售渠道，努力建设成为农牧业龙头企业。"B高管："一个企业的核心竞争力是人才的竞争，要胸怀宽广，敢于起用优秀的员工，引进比自己更优秀的人。"C高管："我们一定要有自己的企业文化，我们的核心价值观、经营理念……"于瑞红静静地听着，一方面认真思考着作为一家新成立的公司，该如何快速打开市场，赢得消费者的信任。另一方面想着如何建立企业文化，营造一种团结协作、不断进取的创业的新局面？

这些问题都摆在了于瑞红的面前，作为公司的一把手，公司该如何经营、建立企业文化？

这时，综合行政办公室主任有重要的事请示于瑞红，只见她径直走向于瑞红，悄悄说："我们办公室小张的孩子刚出生6个月就得了肺炎生病住院了，她要请一段时间的事假照看孩子。"于瑞红点头表示同意，突然大脑一闪而过，"孩子、母亲、爱"，难道这不是我们瑞源的企业文化吗？

在周一的例会上，于瑞红提出瑞源的宣传语——有爱、有缘、有瑞源，并要求公司尽可能地履行社会责任，提高知名度，打开本地市场。于瑞红坚信企业的发展离不开社会各界的关怀和支持,首先她想到了公安干警以及环卫工人,他们为了辖区的一方平安,付出了艰辛的努力,他们宁可以自己的生命为代价,也要千方百计地保护人民群众的生命安全和财产安全。2017年冬天,大雪纷飞,于瑞红看到立于寒冬下忠于职守的警察们,心存感激,带领瑞源人将厂里的木托盘拆好,整车整车送去供生火取暖。而城市的美容师——环卫工人,他们兢兢业业、无私奉献,为了大家舍弃小家,把大部分时间都留给了环卫工作,他们用实际行动践行了"宁脏我一人、换来万家净"的环卫精神。在给环卫工人在送去爱心的同时,于瑞红呼吁社会更多爱心人士关心、关注环卫工人群体,希望广大群众尊重环卫工人的辛苦劳动,不乱扔乱丢垃圾,减轻环卫工人的工作压力。

"每个梦想都值得被灌溉,眼泪变成雨就能落下来,每个孩子都值得被宠爱,他们是我们的未来"。为了拓宽特殊儿童视野,丰富生活阅历,帮助学生了解国情、开阔眼界、增长知识,着力提高学生的社会责任感、创新精神和实践能力,于瑞红特别邀请巴州特殊教育学校20余名师生到瑞源开展为期半天的研学活动,孩子们在游玩中释放了压力,在参观中收获了知识,体验了课堂之外的趣味和欢乐,并激发了他们探究文化的兴趣,让"学"与"游"融为一体,收获颇丰。于瑞红带领瑞源愿以微薄之力给特殊儿童带去希望,在社会上积极营造"关心学子、重视教育"的良好氛围。

四、爱的文化,彰显民企风范

(一) 母亲文化,感恩红包

经过20年风雨兼程的发展,瑞源乳业已经形成了独特的"母爱感恩文化",这种独具特色的企业文化,对社会是一种责任,对消费者是一份承诺,对员工则是最贴心的关怀。在企业年会上,公司会给每一个工作满一年的员工父母发放666元的"感恩红包",感谢他们为企业培养了拥有勤劳、奉献优良品质的员工。

所有在企业工作超过一年的员工父母都已领到了这个感恩红包。其中部分员工的父母因疾病而行动不便,公司就派相关部门及科室的领导到员工父母家去慰问和发放感恩红包。

公司生产总监王平的父亲在接到"感恩红包"之后,充满感激地说:"我非常感谢公司和于瑞红对孩子的培养,特别要感谢于瑞红积极宣传的感恩文化,孝亲文化,我的孩子能在充满爱的企业上班,我感到非常荣幸。"

(二) 蜕变之路，股权激励

按照瑞源公司未来的发展规划，公司业务将扩展到全国的多个县市，为了更好地打造中国特色乳品第一品牌，于瑞红表示，瑞源乳业以后将会成为一个大平台对每个人开放，员工人人都可以成为经营者，希望发挥全体员工的能力，大家共同将这个事业经营好。为此，公司将借助股权激励的方式，帮助企业甄选人才、培养人才、发展人才并最终实现企业与员工共赢的目的。同时要求激励对象分别与公司签订股权协议，并由董事长于瑞红亲自向激励对象授予股权证书，得到股权激励的员工能更好地发挥自身作用。股权激励项目可以吸引更多的优秀员工和公司一起成为利益共同体、事业共同体、命运共同体，共创瑞源辉煌，共享瑞源发展成果。

(三) 离开瑞源岗，依旧瑞源人

2009年，依帕古丽来到瑞源工作，成为生产线上的一名普通员工，她说："于瑞红身上干练、雷厉风行的人格魅力深深地吸引了我，能成为一名瑞源人我感到非常骄傲。"她每天总是最早来到公司，打扫生产车间卫生，学习新知识、新业务，每天对自己严一点，每天进步一点点。有一段时间，依帕古丽因个人原因，未能完成季度生产任务，在年终考核时，依帕古丽的考核排名垫底，于瑞红趁中午就餐时特意坐在依帕古丽的旁边，了解她最近的工作以及家里的情况。依帕古丽突然非常内疚地告诉于瑞红，自己生病了，可能没有办法继续在瑞源工作了，内心非常挣扎。于瑞红急忙追问原因，依帕古丽哭着说："最近肚子经常痛，去医院检查发现是宫颈癌。"于瑞红听了非常震惊，安慰她说："你先看病，有任何需要都可以联系我。"

离开瑞源以后，长期的治疗让依帕古丽的家庭承受着巨大的经济压力，于瑞红得知此事后，第一时间伸出了援助之手，在公司例会上，鼓励大家纷纷献出爱心，同时通过朋友圈等社交网络，让身边的人积极捐款帮助依帕古丽。可以说于瑞红及瑞源人的爱给了依帕古丽继续活下去的希望！

(四) 让我欢喜让我忧

经过20年的发展，瑞源的发展依然存在很多短板，比如，资产管理部门和财务业务部门的衔接，人力资源管理部门专业人员短缺，针对以上问题，公司决定重新招聘一名高管，专门分管业务部门，提高业务部门的专业能力。

在层层的选拔之后，杜经理带着满腔热血来到了瑞源，专业的人干专业的事儿，业务部门人员的营销能力得到了快速提升。但最近，杜经理总是闷闷不乐,也没有以前有干劲了,于瑞红第一时间就发现了杜经理的工作状态,轻声细语地问杜经理:"杜经理,自从你来到瑞源,瑞源的变化非常大,实现了跨越式发展,非常感谢你对瑞源做出的贡献,但我看你最近精神状态不佳,工作和生活上是否遇到了什么困难?"杜经理非常震惊于瑞红发现了自己的心思,当着于瑞红的面杜经理只是简单说了一下工作压力大,会慢慢调整。下班后,杜经理思前想后,决定给于瑞红发一条信息:于总,您好,感谢您对我的关心与照顾,最近的工作让我压力倍增,原因大概有三:(1)无论什么状态,您的精力都非常充沛,很抱歉我的精力跟不上您的精力;(2)您在工作中,总是精益求精,要求速度、质量,很抱歉我的工作总是达不到您的要求;(3)您做事追求完美,是个完美主义者,我是个慢性子,工作中有自己的工作节奏。于瑞红看到信息后和杜经理交流:其实不是她做事标准高,而是每个人的性格决定了每个人的命运。我们只有改变自己,严格要求自己,才能做好服务,每天对自己严一点,每天进步一点点。杜经理豁然开朗,调整好自己的状态,重新投入工作中。

五、瑞源的"领头雁",员工的"主心骨"

(一)创业艰辛路,赚得一桶金

于瑞红回忆:"第一次接触到商业经营是 1988 年,那时候的我刚刚 27 岁,市场经济还未完全形成,当时年轻气盛,凭着一腔热血就走上了经商之路。"20 世纪 90 年代石油产业开始起步,巴音郭楞蒙古自治州州府库尔勒一下子变得热闹起来,此时,巴州物资局做出了一个重要决策:开办一个经营性质的娱乐场所——油城歌舞厅。

于瑞红认为既然选择了经商,那必须离开机关,担任歌舞厅经理,虽然说是摸着石头过河,但是也要坚持下去,凭借自己在物资局积累的经验,在歌舞厅干了整整两年,同时因工作原因结识了很多商业人士,积累了一定的人脉。

1992 年,一个偶然的机会,让于瑞红从著名的"南方谈话"中获得了重要的信息,决心投身商海,当时全国各地的北京烤鸭店分店生意火爆,于瑞红思考,如果库尔勒开一家这样的烤鸭店,是否也会门庭若市?她说:"做第一个吃螃蟹的人也未必是坏事。"于是当年于瑞红就决定在库尔勒开一家烤鸭店。

开烤鸭店必须有资金,当时于瑞红并没有多少钱,最重要的难题摆在了眼前。理想都是美好的，可现实是残酷的，怎么办呢？于瑞红不服输的个性让她没有被困难打倒，她尝试着多方吸纳资金，以股份制的形式最终在萨依巴格附近建起了一栋4层高的酒楼，酒楼中她占的股份并不多，主要是负责经营和管理。

酒店建好以后，她立刻奔赴北京，在北京最好的烤鸭店学习烤鸭的制作工艺，学习其装修设计风格以及经营理念。1993年8月，聚福楼酒店开张了。由于是库尔勒第一家烤鸭店，生意非常火爆，库尔勒市周边的人都慕名而来，在短短的时间里，酒店的营业额连月翻番，"聚福楼"的名号也越来越响亮。

（二）天有不测风云，"挺下去"还是"放弃"

当经营达到一个制高点时，聚福楼却遭遇了经营危机。原因有三：一是1994年年末，国务院召开全国建立现代企业制度试点工作会议，确定在企业开展以"产权清晰、权责明确、政企分开、管理科学"为特征的现代企业制度试点工作。因为当时聚福楼酒店建设时吸纳了多方资金，如今也面临产权重划、资产重组的两难境地。二是当年为了更好地发展城市，库尔勒对老城区道路进行了改造，聚福楼所在的街道刚好在改造范围之内，施工时车辆暂时无法通行。三是随着北京烤鸭知名度的提高，库尔勒及其周边县市的烤鸭店逐渐多了起来。综合以上原因，聚福楼的生意日渐惨淡。

聚福楼遭遇"滑铁卢"给了于瑞红重重的一击，她差点失去了重新站起来的勇气，她经常怀疑自己、否定自己，每天都在"挺下去"和"放弃"的念头中纠结。

关键时刻，于瑞红的好朋友帮了她一把，虽然于瑞红的好朋友也要从聚福楼的股份中撤出，但是为了帮于瑞红，其股份以消费抵值的形式继续留在了聚福楼，也就是说，他持有的股份以另一种形式留下了。这使聚福楼的产权完全划归在了于瑞红的名下，同时聚福楼的经营也可以继续下去。于瑞红拼命将泪水咽进肚子里，心想无论多困难，都要撑下去。

（三）参与扶贫帮困，插上腾飞翅膀

"1999年发生了两件大事，其一是九届全国人大二次会议明确了非公有制经济是中国社会主义市场经济的重要组成部分，其二是我国提出了西部大开发战略。这两件大事让于瑞红坚定了谋求更大发展的信心。"

"西部大开发，会给地方特色经济带来新的发展契机，我想地方特色经济，就巴州而言，仍然在农牧业，我可能又要回到20世纪80年代前的'老本行'了",于瑞红说。2000年,欧盟为新疆提供了一个牛奶生产线的援助项目,她决定接下这条生产线。

"当时,巴州依托巴音布鲁克大草原,有着发展畜牧业的资源优势,但在南疆,还没有一个叫得响的牛奶品牌,而当时,在全疆范围内,虽然大家都知道新疆是一个有着优质奶源的地方,却仍然未形成有影响力的牛奶品牌,所以我想,我必须把握住这个机会。"当年,她接下了这条先进的牛奶生产线,注册了"瑞源乳业"这个品牌,她希望有更多的人记得,这是南疆乳业精加工品牌化的一个源头。

2001年,在南疆生产的第一袋高品质、长保质期的"利乐枕"牛奶上线,瑞源乳业开启了自己全新的里程。短短几年的时间里,瑞源乳业不仅建成了一流的现代化乳品加工厂、专业奶牛养殖基地、完善的物流配送网络和先进的冷链销售体系,还在消费者心目中树立了"瑞源奶"绿色、新鲜、安全、优质的产品形象。"妈妈的味道"这句宣传词很快就被新疆人熟知。

2018年,瑞源乳业和凯瑞可公司已成为国内乳品行业独具特色,且产业链延伸最长、附加值最高的科技型、创新型企业之一,产品销售区域扩展到北京、上海、山东、江苏、四川等全国60%的区域。2022年瑞源乳业的年产值已接近4亿元。

而目前企业的核心文化"母亲文化"已经成为巴州业内一个比较知名的文化品牌,"母亲文化"的主体内容"扶贫帮困"也成了企业的重点工作,目前企业已成功带动了5000多户当地奶牛养殖专业户走向市场。

公司专注于乳制品业,经过十几年的发展壮大,由一个年产值不足10万元的校办小厂,发展成为年产值超过3亿元的企业,公司日加工鲜奶300吨,年支付给养殖户的收购款达3.6亿元,有效带动了养殖业和种植业的发展,为农牧民脱贫致富开辟了新路径。

2014年,公司开始包联帮扶且末县库拉木勒克乡贫困村其木布拉克村,公司坚持因地制宜,帮助村民开垦饲草料地、建设牲畜暖圈、改良牲畜品种、提供生产物资、发展庭院经济;鼓励农牧民自主创业开办小商铺、小饭店,为他们提供帮扶周转资金;帮助村民进行养殖、电工、驾驶等技术培训,帮助该贫困村如期实现脱贫摘帽。

2020年,企业参与建设占地125亩的库尔勒香梨馕产业园,提供就业岗位150个,解决贫困户就业岗位50个。公司坚定地扛起社会责任,先后安置下岗职工150余人、贫困人口18人。2020年,公司向武汉市、乌鲁木齐市、伊宁市等地区捐赠了价值达320万元的乳制品。近年来，公司累计投入社会捐赠、扶贫资金达780余万元。

于瑞红身体力行地为员工排忧解难，用实际行动维护团结和睦的民族大家庭。当她得知由于生产线工作繁忙，午饭时间短，少数民族员工要带饭解决午餐时，立即决定给他们每人每月补贴100元午餐费，并在厂门口开办了由维吾尔族厨师掌勺的清真餐厅。每逢春节、古尔邦节、肉孜节等重大节日的时候，她都要亲自带领企业领导班子到各民族员工家中走访，慰问贫困户。瑞源的发展，加速了巴州地区农业产业结构调整和农业产业化进程，带动了大批当地农民通过种植饲草、养殖奶牛增收致富。

（四）坚持是对初心最好的诠释

凭着对事业的执着和自身的顽强精神，在企业的发展中，瑞源沉淀了自己的大爱企业文化。近年来在社会各项公益及扶贫帮困的事业中，在政府打好脱贫攻坚战的号召下，企业积极向阿瓦提乡、上户乡、且末县库拉木勒克乡等贫困乡村提供帮扶等行动。先后安置下岗职工400余人，捐资助学80余万元，扶助孤寡老人、残疾人上百人次，慰问环卫工人和困难女职工300多人。

于瑞红的真情和爱心获得了丰厚的回报，她多次荣膺"中国民营科技企业创新和民营企业家贡献奖""新疆十大杰出经济女性""三八红旗手"等殊荣，担任巴州、库尔勒市工商联副会长、人大代表、政协委员、科协委员、巴州女企业家协会会长等职务。瑞源乳业保持着健康持续发展的良好势头。"瑞源奶疙瘩，铁木真干粮"，成为英雄汉子们的口粮；"瑞源牛奶，妈妈的味道"，成为西域儿女们的首选牛奶。

为满足市场发展的需求，提升产业动力，振兴本地乳业，解决本地奶牛饲养上下链条配套难等问题，实现新型标准化有机养殖牧场建设，瑞源于2020年4月12日在和静县实施有机生态体验观光牧场建设项目。

凭借和静县得天独厚的自然资源条件，实施乡村振兴战略，大力扶持奶业发展，从原料、生产加工到成品出厂环节无缝连接，生产出真正的高标准、高质量纯真乳品，让全国人民都能喝到健康新鲜的新疆牛奶。

2020年9月，于瑞红荣获2020年全国"杰出创业女性"称号，为全国广大创业女性树立了榜样。2020年12月，她再次荣获"自治区劳动模范"称号。

六、尾声

2020年瑞源乳业已成立整整20周年,在熟悉而又安静的办公室,于瑞红一直在想,瑞源如何才能走得更远?"人才、创新、上市",这些思绪总是涌上心头,面临着下一个十年发展规划,瑞源的明天在哪里?我是否还能带领瑞源人创造璀璨的明天?

(注:本案例由新疆科技学院苗莉撰写,作者拥有著作权,未经授权不得转载、改编、摘编等。)

思考题:

1. 领导者特质理论包括哪些内容?提出"有爱、有缘、有瑞源"的宣传语体现了于瑞红的哪些个人特质?
2. 通过给杜经理的建议,如何理解管理和领导的区别?
3. 作为一名领导者,发放感恩红包以及股权激励措施,属于什么领导行为?
4. 于瑞红经营的聚福楼遭遇"滑铁卢",她是如何体现不服输的精神的?

参考资料:

本案例资料由新疆瑞源乳业有限公司提供。

案例二 "好马"回头留不留

摘要: 本案例以边疆少数民族地区龙头公立医院——BZ人民医院为背景,描述了BZ人民医院面对骨干人才流失的突出问题,深入调研并查找原因,详细分析不同类型医务人员的物质需求和精神需求,针对需求制定激励政策,实行激励举措,扭转人才流失的局面,加强人才体系建设的过程。作为经济欠发达地区的公立医院,在医疗人才市场竞争中处于劣势,如何在坚持公益性原则的同时充分调动医务人员工作积极性,激励员工做好医疗服务工作?本文提供了启示和借鉴。BZ人民医院取得的良好激励效果也说明建立并运用好物质激励和精神激励并重的机制,能够培养爱疆建疆、扎根边疆的高知识高技能专业人才队伍。

关键词： 公立医院；人才需要；人才激励

一、引言

2019年10月20日的库尔勒，已经到了深秋时节，BZ人民医院路边的梧桐树在风中飒飒作响，一片片巴掌大的树叶打着旋儿地飘向地面，一名中等身高的男子身着卡其色风衣，慢慢朝着BZ人民医院的大门走来，他的脸掩在风衣竖起的领子里，他抬头看看面前这栋23层的外科大楼，感到陌生又熟悉，一种复杂滋味涌上心头，6个月前，他是儿科普外手术"一把刀"，今天他又是谁呢？

临近大门，他整理了下衣服，收起思绪，抬脚向外科大楼走去，他要去的地方是22楼，医院高层管理者所在的办公楼层。

这时，BZ人民医院王院长刚结束了医院领导班子碰头会，会上再次对引进高层次人才的办法进行了讨论，班子成员在讨论之后达成了高度一致的意见。王院长坐在座椅上轻轻吐出了一口气，他起身给自己倒了一杯水，站到窗前抬手按了按眉心，取下近视眼镜，想要缓解下眼睛的疲劳。此时门口响起了3下轻缓迟疑的敲门声，"咚，咚咚"一长两短，王院长戴上眼镜，回身走到办公桌前，扬声说道"请进"。虚掩的门推开了，走进来的是6个月前辞职的医院儿科骨干张医生，王院长不禁感到诧异。

回想起了6个月前的一天，主管业务的田副院长一脸沉重找到他，说儿外科主任医师张医生提出了辞职。张医生39岁，在BZ人民医院工作了15年，是医院一手培养起来的外科医生里的中坚力量，也是儿科在肝胆外科方面最优秀的医生。王院长询问原因，田副院长说珠三角一个县级市医院向张医生伸来了橄榄枝，待遇优厚，张医生向科室和人事科提交了辞职报告，儿科主任已经做过多次思想工作，田副院长也亲自与张医生进行了沟通，但是张医生去意已决。"又走了一个业务骨干，这几年陆续走了不少的这种中青年骨干，都是科室的主任医师，有的科室像骨科连续走了两个，一下子门诊、手术都受到影响，儿科张医生一走，一些肝胆外科的一级手术都没有办法做了，对医院的影响太大了，唉，您说咱们这几个月推行的一系列政策能起到点作用吗？"望着田副院长焦灼又隐隐期待的目光，王院长沉吟道："我想，会的。"

那么今天，张医生又是为什么来到这里呢？

"王院长，今天我来找您，是希望能回到医院工作，恳请您能够给我这个机会"，虽然艰难，但是张医生还是说明了来意。留还是不留？这个问题摆到了王院长面前。

二、医院背景介绍

（一）BZ 人民医院概况

BZ 人民医院是区域内唯一一家三级甲等综合性医院。医院前身是 1937 年苏联援建的新疆省立第八医院，正式成立于 1954 年。现已发展成为集医疗、教学、科研等职能于一体的三级甲等综合性医院。现有床位 1400 张，科室 96 个，在职职工 2132 人。其中高级职称专业技术人员 206 人，中级职称 386 人，硕士研究生 102 人，享受国务院政府特殊津贴专家 2 人，1 人荣获"中国好医生"称号，1 人荣获自治区突出贡献优秀专家，9 人荣获自治州优秀专家。

（二）医院的机遇与挑战

2019 年 5 月现任王院长从自治区级医院调入 BZ 人民医院，他意识到作为地州龙头公立医院，BZ 人民医院有较好的发展基础，但也面临新的发展机遇和挑战。一方面，当地人民政府将康养产业作为区域新兴产业予以重点扶持，对 BZ 人民医院给予厚望，目标是着力打造南疆医疗高地、中巴经济走廊综合承载区区域医疗中心，并以 BZ 人民医院为核心建设医康养一体化发展新区，成为地方经济社会发展的新引擎。另一方面，作为地州三甲医院，医疗水平与自治区同级别医院相比有较大的差距，甚至与北疆部分地州医院比也存在一定的差距，离人民群众的期望还有不小的距离，还不能完全满足区域内各族人民群众对优质医疗资源的需求。横向对比，在同一座城市3 所二级公立医院不断发展壮大，区域内竞争压力也不断加大。

（三）医院面临的问题

更让王院长感到肩上沉甸甸的是近 3 年来医院医务人员频频流失，过去一年间，辞职、离职的医务人员达 102 人，其中 62% 是在医院工作 10 年以上的经验丰富、技术水平高的业务骨干。作为在医院工作了 20 年的专家型领导，他深知医院管理工作的特殊性，医院是知识密集型、技术密集型、劳动密集型的组织，提升综合实力和医疗水平的关键在于医务人员，在高技术、高压力和高风险的职业环境下，如何激发医务人员工作热情，调动他们的工作积极性，稳定人才队伍，成为推进医院发展必须首先要解决的问题。张医生的辞职再次让王院长有了紧迫感，他成立了调研组，带着领导班子和职能科室的负责人走访一线医务人员，决心研究清楚为什么这几年BZ人民医院频频流失医务人员，特别是骨干力量。

三、人才流失的原因

（一）物质激励乏效

薪酬分配机制没有合理体现医务人员劳动价值。医院是由临床科室、医技科室、行政管理部门、后勤部门等组成的有机整体，人员构成包括医生、护士、药师、技师、行政管理人员、后勤服务人员等，不同岗位的员工业务范围和技术难度有很大的区别。薪酬是医院人力资源管理的重要手段，合理的薪酬分配机制不仅能够充分激发员工的工作积极性，而且同时还能有效控制医院的人力成本，做到吸引、保留和有效开发人力资源，实现医院的健康可持续发展。作为公办医院，BZ人民医院的医务人员薪酬是由基本工资（岗位工资、薪级工资）、绩效工资及国家规定的津贴补贴三部分构成，从2009年推进新医改开始，BZ人民医院就建立了绩效工资制度，现行绩效工资分为基础性绩效和奖励性绩效两部分，其中基础性绩效的比重较大，而体现医生技术水平、护理难度等的奖励性绩效所占比例较低。实际分配的过程中注重学历、工作年限、职称等因素，较少考虑医术水平、手术风险、工作强度等因素。临床一线员工的工资和行政后勤人员的工资差距不大，风险较高的外科科室和风险较低的内科科室之间的差距不大，不能充分地反映员工的工作能力和工作成绩，没有充分发挥绩效工资应有的激励作用。

2017年1月人力资源社会保障部、财政部、国家卫生计生委、国家中医药管理局联合发布了《关于开展公立医院薪酬制度改革试点工作的指导意见》，提出开展公立医院薪酬制度改革试点工作，探索建立适应我国医疗行业特点的公立医院薪酬制度，允许医疗卫生机构突破现行事业单位工资调控水平，允许医疗服务收入扣除成本并按规定提取各项基金后主要用于人员奖励。其中，绩效工资由各医院按照绩效考核办法分配执行，可根据实际调整绩效工资内部结构。从内部看，BZ人民医院的薪酬制度不能对具备高技术含量、高经验积累和承担高风险、工作高强度的骨干医务人员形成有效激励，也不能有效激发一线的基层人员学习先进医术、提高技能水平的积极性，整体队伍的工作效率不高，成长动力不足。从外部看，对劳动价值没有充分评价下的新平均主义造成薪酬标准与劳动力市场脱节，缺乏在人才市场上的竞争力，拥有高超技能的医生往往因为同等工作强度下与内地医院薪资待遇的显著差距而选择离开，优秀人才不断流失。长此以往，医院的发展受到根本性的影响。

因此，如何优化薪酬结构，最大限度地发挥绩效工资的激励作用就是当前首要解决的重点与难点问题。

（二）精神激励乏力

1. 组织文化功能弱化

公立医院遵循公益性质，公益性体现在提供可及性高、非营利性、质量好的医疗服务上，这是中国特色社会主义公立医院的应有之义。BZ人民医院地处边疆少数民族地区，作为这个128万人口的地区内的唯一一所三级甲等医院，肩负着医疗、教学、科研的龙头重任，对保障地区各族人民群众健康发挥着非常重要的作用。受制于经济发展水平，难以构建与东部发达地区相比更具竞争力的薪酬体系，更要充分发掘组织文化的聚合功能和导向功能，激发医务人员的精神需求，将个人的发展融入边疆民族地区医疗卫生事业发展的洪流中，感受到强烈的被需要、被尊重的需求，从而建立高度的自我认同感、成就感、职业荣誉感，形成与医院一致的以人民为中心的价值观，成为激励医务人员投身医疗事业的内在驱动力，形成更深层次、更持久的激励效应。在60余年的发展中，BZ人民医院坚持"以病人为中心"的服务宗旨，树立"仁、和、精、诚"的核心价值理念，弘扬"团结奉献、内涵强院、科学发展、追求卓越"的医院精神，倡导"医者仁心，尊重生命，服务人民，奉献社会"的职业理念，有了一定的文化积淀。但仍然存在组织文化功能弱化的问题。第一，组织文化没有内化。医院对文化内涵是医院核心竞争力的重要组成部分认识不深，对文化引领价值观，价值观形成精神激励的内在逻辑认识不清，员工普遍认为医院文化建设是务虚不务实，措施表面化、口号化、文体化。文化建设还停留在概念阶段，没有形成系统的、有生命力的、具有自身特色的文化内涵，员工对医院文化内涵的认识模糊不清，更难说融入思想、自觉践行了，也就难以塑造员工与医院文化一致的价值观和使命感，切实发挥文化的激励作用。第二，榜样引领效应不足。社会认知理论认为榜样对个体行为具有重要影响作用，表彰先进更是重要的激励手段。过去BZ人民医院对表现突出的医务人员表彰奖励范围小、数量少，宣传力度不足，较少组织开展优秀典型和先进事迹的学习活动，对普通员工也没有充分发挥榜样的激励作用。第三，缺少医院品牌的建设。对外宣传工作不重视，没有充分利用传统媒体和新媒体树立医院良好的形象和打造知名品牌，来让员工感受到社会地位的认可。

2. 职业发展激励不强

医院为专业医务人员设计良好的职业发展通道和路径有利于他们明确自己的职业目标，从而提高对工作的热爱程度，更愿意主动增加投入。但调研反映出，BZ人民医院人才培养制度和职业培训体系不完善，导致职业发展对医务人员的激励作用不强。第一，人力资源管理较多关注招聘选拔及考核评价，对员工的职业发展缺少科学的指引，不能够根据员工所处的职业发展阶段予以指导，并设计多种职业发展通道供医务人员选择，对员工的成长和晋升支持不足。第二，医院职业培训管理不完善，员工对培训体系的科学性、合理性以及公平性满意度较低，认为存在学科发展不均衡，培训机会过于向重点学科集中等问题；此外，监督机制不够有力，培训效果缺少追踪，导致激励效果不显著。第三，"人本管理"做得不够。医院是高学历人群聚集的地方，对地位认可、他人尊重更为关注。调研中，医院员工反映对医院的重大决策参与少，被动执行多，有意见建议也感觉难以被采纳，感受不到主人翁地位，医院缺少"尊重人、信任人、关心人、培养人、使用人"的人性化管理的良好氛围。

（三）保健因素的缺失引发员工不满

双因素激励理论提出，良好的工作条件、和谐的人际关系是重要的保健因素，虽然员工不会因为保健因素的满足而对医院增加满意感，但是一旦缺失，就会产生不满意感。调研中，医务人员反映工作条件不是很好，有的科室空间狭小，有的桌椅非常老旧，有的旧电脑运行速度特别慢。同时认为医院更强调工作关系，很少关注员工个人生活，工作以外的员工活动组织较少，员工之间缺少交流，没有员工图书馆、阅览室或者较大的健身休闲场地。这些问题造成了员工对医院的不满情绪逐渐累积，降低了医院对人才的吸引力。

四、人才的需要

围绕调研了解到的问题，王院长又带着医院领导班子进一步思考，吸引人才、留住人才究竟需要什么？

BZ人民医院现有员工2132人，其中医疗技术人员1450人，高级职称占比达14.2%，中级职称占比达26.6%，初级及以下职称占比达59.2%。调研显示，处于不同发展阶段的员工其需求也有各自特点。经过思考，王院长将医院的人才队伍分成了三大类：基础人才、骨干人才和领军人才。

基础人才主要是指新入职员工和普通医护人员。这部分人才是医院员工队伍的基础和主体，是医院健康可持续发展的根基。虽然这类人才在人力资源市场上比较容易获得，差异化程度较小，但是从长远看实际价值较高，是医院应该着重思考和研究的人才层次，通过激励提高他们的工作效率保证医院整体运行效率和效能的提高。基础人才的需求首先是要能保障生活的基本薪酬制度。同时，他们希望在充分满足对基本薪酬的要求之后，设立完善的绩效考核和分配制度，实现多劳多得、优劳优酬；希望得到工作所需的知识、技能方面的培训，包括基础业务技能、重点技术、关键领域的专项培训，希望医院能创造性地设立评价机制，建立完善的职业生涯规划和人才成长计划，从医院层面明晰他们的未来发展方向，将其作为医院得以开发和培养的后备人才，给予每一位愿意发展自己专业技术的人以机会，激励他们在专业上取得长足进步。

骨干人才主要是指专业医护人员和技术人才，他们在各自的领域内积累了一定的知识和经验，储备了一定的人脉，在学术上也开始有所探索。这类人才是医院领军人才的后备军，可以作为医院后备学科带头人进行选拔培养，他们决定了医院未来发展的方向，是医院有重要战略价值的人力资源。这类骨干人才，更为重视自身的发展，希望继续深入地学习专业领域知识，渴望得到医院的重视。他们有对自身发展的渴求和对知识的热情，需要提升学历层次、专科技术能力的机会，希望医院为他们构建完善的科研平台，提供外出学习的机会和资金支持等，将他们作为内部高层次医学人才加以培养。他们也希望绩效考核指标能综合反映工作量、质量和效益，全面反映他们的工作能力和成效。对骨干人才还要注意引导其核心利益与医院目标、医院文化相融合，塑造与医院一致的使命感和价值观，在激励人才的同时留住人才。

领军人才主要是指医院的学科带头人、学术带头人。一位好的学科带头人能够带领该学科不断地向前发展和迈进，这对医院保持先进水平十分重要。鉴于学科带头人培养周期长，即使通过外部引进也存在一段时间的适应过程，因此其高价值和独特性决定了在人力资源市场上比较稀缺，那么医院自身的培养和充分激励就显得尤为重要。这类领军人才需要授予充分的科室管理自主权、学科发展自主权，大力支持其参加高水平专业培训、学术交流和学术会议，提供深造和进修的机会，为其开辟专业领域前沿知识的获取渠道，给予充足的研究经费支持等。从薪金和福利待遇方面来说，还需要有高水平年薪制和高水平福利，如安家费、专项发展基金、津贴、带薪休假等待遇，以形成心理承诺，激励可让这一层次的人才为医院的发展和临床水平的提高发挥应有的作用。

五、人才激励举措

经过深入地思考后，王院长带领医院领导班子陆续出台了一系列的政策，推动了人才激励制度改革，逐渐形成了有 BZ 人民医院特色的人力资源管理体系。

（一）深化绩效工资改革

在坚持效率优先、兼顾公平和可持续发展的分配原则基础上，坚持按劳分配和按要素分配相结合，着力增加知识、技术、劳务、管理等要素在分配中的价值。确定了"以工作量核算为基础，以绩效考核为手段，以质量控制为依据，以系数分配为杠杆，以技术含量为权重"的收入分配模式。实施院科两级绩效综合考核，绩效与科室工作量、技术水平、服务质量、医德医风、成本控制等综合评价指标密切挂钩，实施全方位的考核分配，按系列（团队）划分绩效工资总额，拉开档次进行二次分配，重点向高层次人才、业务骨干、关键岗位和有突出贡献等人员倾斜。绩效工资总额根据医院年度医务性收入（不含药品、卫生材料、检查、化验收入）计算，一年一定。在做好医院成本核算的基础上，根据业务收入按比例提取绩效工资总额，在绩效工资总额范围内进行总量控制、分类切块、重点统筹，从而实现院科两级分配。其中院方为一级分配，进行宏观调控和综合平衡；各科室按分配原则进行自主二级分配。原则上医生、医技、护理和行政后勤团队占比分别为 1∶0.8∶0.6∶0.4。对高层次人才等通过特别津贴和年终奖进行二次分配，实现向重点人员倾斜的目标。绩效工资分配对象包括全院在岗的编内和编外员工，实现同工同酬。更加突出考核评价在医院管理中的作用，成立绩效考评领导小组，根据医生、护理人员、其他专业技术人员、行政管理人员、工勤人员等不同岗位特点，推行分类考核。2019 年 BZ 人民医院急门诊病人达 120.6 万人次，出院病人 6.21 万人次，全年人力成本支出 3.1 亿元，约占业务总收入的 28%，60%~70% 的员工绩效工资有所提高，整体薪酬水平位于全疆地州级医院前列，医务人员的工作积极性得到了充分的激发。

（二）加强文化引领和价值塑造

以"一年专项行动、两个节日表彰、三支援医队伍"为主线大力开展医院文化建设。

"一年专项行动"是指"服务品质提升年"活动，医院成立专项行动领导小组，在全院上下弘扬践行"仁、和、精、诚"的核心价值理念，以及"医者仁心，尊重生命，服务人民，奉献社会"的职业理念，进一步提高医院服务质量，建立医疗服务品牌。

"两个节日表彰"抓住"中国医师节""国际护士节"这两个节日，突出"敬佑生命、救死扶伤、甘于奉献、大爱无疆"的崇高精神的价值引领，举办庆祝大会，表彰先进、慰问一线，通过传统媒体和新媒体采取多种形式大力宣传BZ人民医院医务工作者在平凡的岗位上"用生命守护生命"敢于牺牲的意志品质，"用你我付出换病人康复"勇于担当的精神风范，努力营造让医务工作者有尊严、有成就感的良好氛围。

"三支援医队伍"是BZ人民医院突出少数民族地区三甲医院责任担当的表现，选派了3支骨干医疗队伍支援若羌、且末、于田3个南疆县市，每一批近30人，每一名医生援助期限为1~3年，用3支队伍生动地诠释医院的核心价值观引领全院医务人员做扎根边疆、服务人民的胡杨医疗团队。2019年医院全院职工开展义诊649场次，组建大型基层诊疗活动5次，在人民的需要中感受医务工作的伟大，在奉献中实现自我的人生价值。

医院加强宣传工作，制作系列视频，通过视频网站、微信公众号等方式不断宣传医院的发展和"一年、两节、三支队伍"中的典型人物、典型事迹，树立医院员工的荣誉感和自豪感，建立医院的良好社会形象，提升医务人员的社会地位，增强职业荣誉感、归属感和使命感。

（三）改善医院工作环境，营造良好工作氛围

以建设有温度的医院为发展方向，以医务人员和患者群众双满意为终极目标，改善医院办公条件，开展关爱行动，大力改善医务人员的工作环境，更新老旧设施设备，提供"三室一休一餐"生活保障；强化情感沟通，加强心理疏导和心理释压，提高后勤服务效率关心医护人员的身心健康，建立员工生日台账，每个员工的生日都送上蛋糕卡和鲜花；建立院内沟通渠道，各类管理决策充分吸纳一线医务人员的意见，加强群团组织建设，掌握员工的诉求，了解他们的实际困难，及时帮助并协调解决；正确对待医患纠纷，保

障医务人员的安全，维护其合法权益，使医务人员有更多的幸福感，使他们能舒心、顺心、安心地从事医务工作。

（四）大力提供人才职业发展支持

BZ人民医院积极建设教科研发展平台，获评国家高级卒中中心建设单位，建成自治区级博士后工作站、省部共建中亚高发病成因与防治国家重点实验室巴州工作站、新疆棘球蚴病临床研究所巴州分所、新疆心血管病研究所巴州分所、唯医骨科新疆中心等站点，为人才成长搭建高层次平台。与新疆维吾尔自治区人民医院、新疆医科大学第一附属医院签订医疗联合体协议，启动建设专科联盟，充分利用河北对口援建医疗资源，建立"医院搭台、科室结对、医生拜师"人才培养模式。实施学科骨干导师制培养计划，邀请疆内外专家担任院外导师，连同一批院内导师，针对青年骨干医师进行"一对一"的专门培养。制定《重点学科建设管理办法》，按照"综合为本、院有重点、科有特色、人有专长"的目标，给予政策、资金支持，分批建设重点科室，选派医生赴内地知名医院专科进行学习，明确发展规划，有针对性地培养各科室骨干人才。推动医院学习型组织建设，在全院营造浓厚的学习氛围，从而使得全体医务人员能够有意识地、持续不断地进行学习以获取新的知识、技能和思维方式，实现个体与组织的共同发展进步。2019年医院员工获得了包括全国医院品管圈大赛、"进一步改善医疗服务行动计划"全国医院擂台赛、自治区医疗护理用品创新大赛等多个国家级、自治区级奖项，不断地提升医院专科品牌影响力和综合实力。

（五）引进人才的活水

BZ人民医院围绕"小科室做大，大科室做强"的发展目标积极引进人才，2019年7个科室聘请了内地知名医院的专家，实行每月一周的弹性工作制，突破性地按照医疗人才市场的标准制定薪酬发放办法。对冷门专业、紧缺人才进行带编招聘，对硕士研究生设置直接进编的绿色通道。2019年BZ人民医院被评为住院医师规范化培训自治区级示范基地，15个专科培训基地共开展5类培训、学员448人，规范的教学为地州医疗体系输送了大量人才，也为自身的发展进一步开拓了人才引入渠道。

六、尾声

"张医生申请回到医院工作"提上了院长办公会议，大家的讨论分成两派：一派认为离职的人就是为了获得更高的经济收入，没有忠诚度，对已经离职的员工就要划清界限，不能再留，以便对现有的医疗人才队伍形成威慑。另一派则认为只要医院的待遇有吸引力，能为医务人员的发展提供平台，人才愿意为我们所用，就可以把他留下来，这样才能让全院职工知道医院爱才、惜才，从而才能够安心从业。

最终王院长力排众议决定留下"回头好马"张医生，借这次会议明确提出医院的人才观：优秀的人才是我们医院发展的不竭动力，我们应该广开门路纳天下贤士，创造条件激励人才努力工作、安心工作，共同促进医院的发展。

张医生回想起2019年深秋的那一天，他无比感谢自己当时的决定，那个决定动意来自老领导——BZ人民医院儿科李主任的一个电话："小张，你在新的城市、新的单位工作好吗？很想念家里的妻子和孩子吧？你走后的这半年里医院的变化很大，院领导锐意改革，我们实行了新的绩效工资制度，风险大、技术含量高的岗位绩效工资水平大幅度提高了，还对各科室的骨干实行了人才培养计划，配备了专门的导师，以后科室的中青年骨干外出培训和参加科研工作的机会也会越来越多，你离开太可惜了……要是能回来，个人发展和家庭幸福就都能兼顾了！"老领导的一番话让他动了心思，王院长的大力支持让他坚定信心回到了BZ人民医院。回到医院的第二个月他拿到了新的绩效工资，比离开前提高了50%左右。他的办公桌椅也焕然一新，年底妻子过生日收到了医院送来的鲜花和蛋糕，对她的付出表示感谢，妻子对他更理解了。医院选拔了42名中青年医生进入学科骨干培养计划，张医生也是其中一位，为他配备的导师是河北对口支援医院的儿外科专家，他们一直保持良好的关系。

2020年更是非常不平凡的一年，这一年在医院"三支援医队伍"的精神感召下，张医生主动请缨作为7月巴州驰援乌鲁木齐的医疗队的成员，参与了乌鲁木齐天山区疫情防控工作，之后在医师节上受到了医院的表彰。医院的表彰隆重热烈，医院的广宣部还对他做了专访。不久，各自忙碌的同学和朋友们忽然纷纷联系他，向他表达敬意，他才知道他作为"梨城的抗疫英雄"出现在这座城市的公交车站台宣传栏里，当地电视台也播出了医院制作的《向我们的抗疫英雄致敬》专题片，猝不及防地赞扬让他感到羞涩又幸福。今天，他即将出发去北京首都儿研所参加为期3个月的培训，跟着儿外科的国内顶尖专家李龙老师学习，回来后他打算在巴州联合医联体内开展业务交流，和同仁们共同提高巴州儿外肝胆手术水平，让边疆的孩子享受优质的医疗服务,为他们解除病痛折磨。他突然感到当一名优秀的儿外科医生的梦想是如此的近。

(注:本案例由新疆科技学院李妍撰写,作者拥有著作权,未经授权不得转载、改编、摘编等。)

思考题:

1. 造成 BZ 人民医院人才流失的原因是什么?
2. 医院不同医务人员群体的需要分别有什么特点?
3. BZ 人民医院采取的改革措施起到了什么样的作用?
4. 你认为作为经济欠发达地区的公立医院,其激励措施的独特性体现在哪里?

参考资料:

本案例资料由巴州人民医院提供。

案例三 "技术为本"背后的激励机制

摘要:本案例以小米科技有限责任公司(以下简称"小米")为研究对象,针对其 MIX 系列产品的发展,分析 MIX4 产品研发过程出现的问题,特别是 MIX4 研发过程中全面屏技术的突破。在这个过程中,小米工程师们耗费了大量的时间和精力,最终才解决了技术难题,而小米集团也是不惜成本,为工程师做好保障,并通过股权激励的方式,激发和奖励为小米做出突出贡献的技术型人才,用真金白银留住人才。

关键词:小米;工程师;技术;激励

一、引言

手机作为现今社会人们生活中必不可少的通信工具,也被誉为 20 世纪最伟大的发明之一。手机在 1958 年由一名苏联工程师发明,手机是从座机电话演变而来的,从第一代到如今的第四代、第五代手机的普遍使用,在六七十多年的时间里经历了多次变革。现今大家习惯使用的触屏手机也经历了几次飞跃。传统手机只能简单地进行打电话、发短信等服务，在此基础上，植入掌上电脑系统，使其增加诸多综合性功能，例如网上冲浪、游戏娱乐、观看影视等，就诞生了智能手机。随着技术的发展，将智能手机的按键改进为触摸屏，特别是将触摸屏技术广泛应用于民用通信设备，这是手机的又一次飞跃性突破。2012年，触摸屏技术应用于全世界近一半的手机。2015年后，世界范围内80%的手机和智能产品都实现了触控智能化。

触摸屏手机的屏占比是衡量该手机是否为全面屏的重要指标，全面屏就意味手机的正面全是屏幕，没有传统的按键，手机的边框位置也采用无边框设计，对于用户而言，屏占比越高，其使用中视觉体验就越好，而对于手机厂商来说，屏占比越高，成本也越高，对于技术的要求也就越高，因此全面屏手机的技术突破在一段时间里是整个行业面临的重要技术难题。

小米手机在全面屏手机的发展中起到了直接推动作用。2016年10月25日，小米集团董事长兼CEO雷军介绍了一款产品：小米MIX，全面屏概念手机。这款手机采用了18∶9的屏幕比例，首次突破了16∶9的屏幕限制，采用三面极窄边框的全面屏设计，屏占比高达91.3%，小米MIX的发布，正式拉开了全面屏时代的序幕，直接影响了未来几年里手机行业的发展方向。从此以后，全面屏方案层出不穷，刘海屏、水滴屏、全自动升降式全面屏、手动滑盖式全面屏等，各大厂商为实现真正的全面屏争相发力。而作为推动全面屏发展的小米来说，从MIX到MIX3，小米也不断研发更新技术，但在2018年发布了MIX3以后，MIX系列手机就没有了音讯，该系列产品很长一段时间里没有新品发布，所有关注小米和全面屏手机爱好者都期待下一款MIX产品，真正的100%全面屏产品也备受关注。

二、公司背景介绍

小米于2010年3月3日成立，是一家以智能手机、智能硬件和物联网平台为核心的消费电子及智能制造公司。小米虽然起步晚，但发展速度却非常快，早在2017年，小米就实现了年收入千亿元人民币的突破。2018年，小米的业务已遍及全球80多个国家和地区。2021年成为《财富》世界500强榜单中"全球互联网和零售行业进步最快的500强企业"，仅一年的时间，就从2020年第422的排名大幅上升至第338位。[1]

小米作为全球第四大智能手机制造商，其手机市场在全球30多个国家和地区都处于前5的位置，曾经连续5个季度在印度保持手机出货量第一。

小米的经营主要依靠独特的"生态链模式",通过投资、带动其他相关产业和志同道合的伙伴,构建成了一套完备的物联网平台,连接的智能设备数量超过1.3亿台。2018年,小米在香港上市,也是首个在港交所上市的同股不同权(即双重股权制度)公司。

小米的成功离不开它的企业文化,小米始终秉持做"感动人心、价格厚道"的好产品的使命,希望通过科技改变世界,让每个人都享受更好的生活。小米非常注重用户的体验,"和用户交朋友,做用户心中最酷的公司"是小米最大的愿景,对于小米来说,用户就是朋友,小米也因此成为一家有"粉丝文化"的科技公司。小米想通过专注产品品质的提升改变商业世界中普遍低下的运作效率,让用户用最厚道的价格买到最一流品质的产品,从而改变整个行业的面貌,提高高品质产品的普及率。

三、重视技术人才的创始人

雷军,1969年12月16日出生于湖北省仙桃市,毕业于武汉大学计算机专业,1992年至2007年就职于金山公司,在金山公司担任最高职务为CEO。2010年与五名合伙人共同创办了小米科技。

雷军在大学时期就表现出了计算机方面的才能。大学里只用两年时间就修完所有毕业学分,并通过开发杀毒软件赚得人生第一桶金。刚毕业的雷军同几个师兄进行了第一次创业,但这次创业以失败而告终。失败后的他意识到技术固然重要,但用户的需求也不容忽视,以此为出发点,他在金山参与开发的多款软件获得巨大的成功。在辞去金山CEO一职后,雷军从零开始,他看中了当时的国产手机市场,并计划对当时的魅族手机进行投资,由于管理层与他理念不合,此次投资计划并未真正实施。自此雷军考虑再三做出了进军智能手机领域的决定,也开始了小米的创业之路。

作为工程师出身的雷军,深知技术对于一个互联网企业的重要性,他也一直秉持"技术为本"的理念,他曾说:"'技术为本'是小米永不更改的铁律,保证工程师的成就感和幸福感是集团的首要大事"。他把小米的未来押在技术之上,也正是这样,小米在近二十几年的时间里实现了巨大的飞跃,在国内乃至世界的智能手机市场中占据了重要份额。雷军公开发表演讲时说:"小米要想成为一家伟大的公司,要实现自己的梦想,就一定要突破高端。"而实现突破就必须要重视技术的力量。雷军重视对技术人才队伍的建设,小米也持续不断地推出针对不同层次优秀技术人才的招聘、培养和激励举措。

四、小米 MIX4 研发背后的技术为本战略

历经三年之久,小米 MIX 4 手机终于实现技术上的突破,于 2021 年 8 月 10 日正式发布。小米 MIX 4 首次采用 CUP 全面屏技术,将前置摄像头放置于 AMOLED 屏幕下方,达到了隐藏的效果,是真正意义上的完美全面屏。小米 MIX 4 CUP 全面屏技术开发过程漫长而艰苦,而这个过程是小米工程师团队共同努力实现的。

小米的 MIX 系列可谓是不惜一切代价。众所周知,雷军是工程师出身,作为小米的创始人,他非常重视对技术人才的培养,雷军曾说:"没有顶尖人才,创新就是无源之水和无本之木"。小米的目标是构建一支全球顶级技术团队,将小米打造成为一个全球顶级技术公司。小米 MIX4 全面屏的实现,就是小米公司以技术为本战略的最好体现。

小米 MIX4 屏幕的研发消耗了小米工程师们大量精力和时间。[2]在这次小米 MIX4 产品研发过程中,重点是解决全面屏的问题,而全面屏技术主要解决的有两个问题,一是正常显示情况下,屏幕不能有肉眼可见的瑕疵;二是进行前摄拍照时,屏幕的显示不能对成像造成影响。这两个问题不仅仅是小米工程师遇到的问题,也是整个行业全面屏实现过程中所面临的一个难题。全面屏的前摄所占面积实际仅为 0.2 平方厘米,而就是这一小点面积,小米的工程师在两年的时间里,一次又一次地尝试,经历过失败,失败后继续努力,最终实现技术上的突破。在硬件方面,为解决挖空区域显示问题,小米 MIX4 首创了"微钻排列"技术。对于全面屏手机来说,要实现百分之百的全像素显示,就意味着要解决前置摄像头所在的挖空区域显示问题,"微钻排列"技术是在像素数量及 RGB 比例不变的情况下,将子像素面积不断缩小,从而减少光线的遮挡作用,其分辨率可达 400PPI 像素密度单位,这样一来,屏幕色彩显示基本无暇,对于马赛克、显示精度等问题也可一同解决。全面屏手机另一个难题就是自拍,为了提高自拍画质,小米 MIX4 会先将 CUP 区域的 TFT 电路旁置,如此一来光线的阻碍就会被移除,而用 ITO 透明引线替换导线材料,则可以很好地提升透明度。除此之外,MIX4 对透明引线路径和子像素的形状也进行了修改,这样就可以通过控制衍射效应而改善相机画质。在软件方面,为优化色彩、提升显示细节,多帧拍摄和多步基于深度学习的增强算法的引入,让小米 MIX4 屏幕显示更加出色。

五、小米的激励计划

小米自成立以来，就非常重视对青年技术人才的吸纳、培养和激励。小米以技术立业，经过一代人的努力，形成了独特的工程师文化。如今，小米打造了一支强有力的技术创新力量，为团队和公司持续保持年轻活力提供了重要保障。大型企业为了激励员工，通常会采用股权激励的方式，即将公司股票授予员工，将企业效益与员工收益进行关联。小米也不例外，2021年7月小米拿出7000万股股票，分别授予集团近4000名员工，其中不仅包括集团优秀核心岗位员工，而且还包括基层一线员工，只要表现优秀都有机会获得股票。除此之外，小米还推出了一项最新的人才激励项目"青年工程师激励计划"，将1600多万股的股票授予约700名优秀青年工程师，以激励小米技术型人才，其中就包括很多参与小米MIX4设计研发的工程师，对于工程师来说，研发产品、解决技术难题并不仅仅是所处岗位的需要，更多的是在一项技术突破后个人精神层面所感受到的喜悦与自豪。与其他上市公司股权激励需要员工折价购买股票不同，此次小米直接向员工送股票。这也意味着小米得自己掏真金白银买入相应股票。随着小米工程师青年人才激励计划的启动，小米未来还将持续发力，全力将小米打造成工程师向往的圣地。[3]

六、尾声

小米MIX系列是小米工程师的梦想，为了MIX4的研发，小米集团不惜一切代价，力求完美。历时3年，小米投入了很多，对于小米工程师们来说，付出大量的时间和精力都是非常值得的。

小米以技术立业，经过一代人的努力，形成了独特的工程师文化。小米在创立之初就非常重视对青年技术人才的吸纳、培养和激励。如今，小米打造了一支强有力的技术创新力量，为团队和公司持续保持年轻活力提供了重要的保障。小米一系列的激励计划，都体现了小米对各年龄、层级技术人才的重视。这也为小米坚持技术立业，提供了强有力的发展动力，相信在未来，小米也将一直重视、激励技术型人才，让小米持续不断地向前发展。

思考题：

1. 你认为小米MIX4的研发历时3年之久的原因有哪些？

2. 案例中体现了哪种激励理论，其主要观点有哪些？

3. 根据需要层次理论分析，小米集团的技术型员工的主要需要有哪些？

4. 根据案例分析，小米在实行"青年工程师激励计划"和股权激励计划过程中，应注意哪些问题？

5. 常见的激励方法有哪些？根据案例分析，小米主要采用了哪些激励方法？

参考资料：

[1] 司晓颖. 小米连续入围《财富》世界500强，进步84位！今年二季度手机销量超越苹果 [N/OL]. 央视网，2021-08-02.

[2] 赵超. 小小四方屏见证中国企业科技转型脚步 [N/OL]. 人民网，2021-09-17.

[3] 小米重奖激励技术人才2021年将扩招5000名工程师 [N/OL]. 人民网，2021-01-11.

第四章

管理的控制职能

案例一 奔驰女车主的维权之路

摘要：本案例通过简要介绍2019年2月西安奔驰女车主与西安利之星汽车有限公司维权事件的始末，分析维权过程中世界豪车品牌"奔驰"公司监督失责以及利之星汽车服务有限公司错漏百出的控制管理：从事件发生前的预警的缺失，到事件发生过程中现场控制的傲慢拖沓，再到事件发生之后的反馈控制不到位的情况，最终导致公司蒙受巨大损失，其品牌的口碑也受到了很大的影响。由此引出风险控制在企业经营中的重要作用，加深学生对不同控制类型的理解，理解根据事件进程的不同，选择恰当关键的控制节点。

关键词：奔驰；维权；控制

一、引言

2019年2月末的一天，西安某女士神采奕奕地走进了西安利之星汽车4S店，然后签名刷卡，一气呵成，马上就能开走眼前这辆她心仪已久的奔驰车了。手续很快办完，女士也欢喜地坐进了主驾驶，道了声再见，缓缓开出4S店。万万没想到，还没开出4S店的大门，仪表提示需要给发动机加油，新车漏油了，这下可好，上一刻还欢喜的双方下一秒就愁容再见了。

二、公司背景介绍

梅赛德斯奔驰汽车公司自1986年正式进入中国市场以来，一直因其高端的设计、过硬的质量、贴心的服务而广受消费者的好评与赞誉。4S店模式于

1998年在欧洲兴起，相较于厂家直销模式来说，4S店模式对于重资产的汽车行业无疑是有利的，因为投资量大，回报周期长，所以很少有汽车厂家开直营销售店。我国在1998年前后在香港诞生4S店模式，随之而来的就是各级经销商、4S店的迅猛发展，如利之星等上市集团。4S店指的就是整车销售渠道，零售配件销售，车辆售后服务，整体的信息反馈，四位一体的汽车销售公司，与厂家品牌是授权合作的关系。本文提到的店家西安利之星公司就是这么一家成立于2012年的奔驰4S店。

三、事件整体处理

新车发动机漏油这种事别说几十万的奔驰车了，买万把块的二手车都碰不到几回。按照合同，换车应是毫无争议之事。可出乎女士意料的是，4S店员工完全不接受换车的提议，只是淡淡地回复："换车不行，退款更不行，换发动机可以。"协商无果，奔驰女车主走上了坎坷的维权之路。

从2月末事件发生，直到4月初，长达一个多月的协商完全没能达成和解，最后实在没有办法，奔驰女车主只好走进4S店，坐上了展厅奔驰车的机盖，哭诉维权。这一哭事情就脱离了缓冲带，成为大众关注的热点，一个多月没能解决的烂摊子，因这一哭诉视频在网络上的热传，舆论迅速发酵。西安当地工商、质监、物价部门组成联合调查组开始调查涉事4S店汽车的质量问题，从官方调查开始，事件进入法律调查环节。

随着事件在网络上的持续发酵和官方调查的进一步跟进，利之星的负责人有点儿失了分寸，事态控制错漏百出，先是发表声明说已达成和解却被车主否认，又在打电话联系车主时说出"我们会保护你"等有歧义的言论，录音被曝光后，舆论形势进一步倒向女车主。

最终在4月16日，西安奔驰女车主与西安利之星汽车有限公司达成换车补偿协议。购车方的维权到此也算告一段落了，但是对利之星公司和奔驰公司的品牌影响和处罚远不止于此。

2019年4月16日，针对"西安奔驰车主哭诉维权"事件，北京梅赛德斯-奔驰销售服务有限公司发布第二份声明称，将对相关经销商的经营合规性展开调查。结果明确前，立即暂停该授权店的销售运营。[1]

2019年5月10日，国家市场监管总局对奔驰公司提出了具体的整改要求，包括奔驰公司认真自查和整改生产经营过程中存在的问题，积极配合各级各地市场监管部门调查处理；切实加强对经销商的管理，杜绝各类不合规、不规范行为的发生；大力改进售后服务体系，畅通消费者维权渠道，积极妥善地解决消费者的诉求。

2019年5月27日，高新区市场监管部门通报有关涉嫌违法案件调查的处理结果：西安利之星汽车有限公司存在销售不符合保障人身、财产安全要求的商品，夸大、隐瞒与消费者有重大利害关系的信息，误导消费者的两项违法行为，被依法处以合计100万元罚款。[2]

2019年9月11日，北京银保监局对梅赛德斯-奔驰汽车金融有限公司做出行政处罚。根据《中华人民共和国银行业监督管理法》第四十六条规定，因其对外包业务管理存在严重不足，给予合计80万元罚款的行政处罚。[3]

12月28日，该事件入选2019"质量之光"年度质量记忆十大"年度质量事件"。[4]

四、事件控制分析

综观整个事件，利之星公司和奔驰公司在事态发酵前和事件后续发展中都缺乏应对措施。首先是预防事件发生的前馈控制或者预警计划，无论是百年豪车品牌的奔驰还是奔驰授权的利之星公司都会有预测出售质损车风险的控制机制，存在质量隐患的车辆为何进入库存，摆上展台出售？完全是防范系统的漏洞和检测流程的不到位造成的控制缺失，奔驰方和利之星都有责任。事前控制没做到位，事情发生了，利之星的现场控制更是失策。

入场不及时，应对不果断，全盘只是应付，现场控制毫无建树。一家经营多年的汽车企业竟然如此不专业，让人不禁很是错愕，从事件中就可以看出4S店缺少对事件控制管理的必要措施，也完全不注重售后问题的处理。这导致面对此类突发事件，整整一个月时间里，西安利之星公司和奔驰公司无所应对，一拖再拖，任由事件升级。当然随着事件的发酵，4S店也意识到需要控制事态的发展，但是控制流程，控制措施非常不恰当，试图用某些手段来打压消费者，让其忍气吞声，做出妥协。这些控制手段最后一步步将自己推向了更糟糕的境地。

最后是事件发生后的反馈控制，奔驰官方亲自下场，派出专门小组和女车主协商；严厉地重申各经销商合法合规经营；暂停利之星门店的授权运营；主动邀请女车主参观奔驰德国工厂和流水线，作为防止此类事件再次发生的反馈。同年6月梅赛德斯-奔驰联合经销商推出了《服务公约》及多项客户服务升级举措，进一步强调"客户为先"的服务理念，回归本源，升级服务。

五、尾声

制度流程不该只是挂在墙上，很多4S店内都挂有各类企业文化、制度、流程的标识图，西安利之星公司也不例外。但是可惜的是这些科学的管理制度，充满人文关怀的标识只是装饰了空白的墙壁，连基本的PDI（车辆售前检验记录）都没有，员工培训粗糙，流程应对不专业，除了收钱的流程一流外，其余业务流程都存在很大的问题，造成的损失也是远远超过了一台奔驰车的价格。如何让制度落地、让流程清晰、让管理到位？成为我们应关注和反思的焦点问题。

思考题：

1. 从案例中我们可以看出，一件小事演变成大事件，哭诉维权的现象掩盖了企业本质存在的问题，那么什么是控制趋势原理呢？

2. 管理过程中出现错误是不可避免的，那么纠正偏差最理想的时间点应该是在什么时候呢？纠正偏差的方法又有哪些呢？

3. 上述案例讲述的维权事件其实本不应如此曲折，完全可以在萌芽状态处理，为何最后演变成了损失远远超过66万元的品牌受损事件，事件中有哪些可以避免和反思之处？请结合控制章节知识点谈谈看法。

参考资料：

[1] 王庆凯. 奔驰：立即暂停西安利之星4S店销售运营［R/OL］. 中新网，2019-04-16.

[2] 梅镜泷. 西安利之星被罚百万元，专家：消费者维权应主动［R/OL］. 中国新闻网，2019-05-28.

[3] 北京银保监检查结果出炉 奔驰汽车金融被罚80万［R/OL］. 财经网，2019-09-12.

[4] 邢郑. 2019"质量之光"年度质量记忆［R/OL］. 人民网，2019-12-30.

案例二 中行"原油宝"巨亏是一堂惨痛的风险教育课

摘要： 2020年，在国际地缘政治、短期宏观经济冲击等综合因素的共同影响下，国际商品市场震荡剧烈。在2022年4月22日，中国银行股份有限公司（以下简称"中行"）证实：WTI原油5月期货合约CME官方结算价为-37.63美元/桶，该价格有效。客户和中国银行均蒙受损失，从而引发"原油宝"穿仓事件。一边是国际资本瞄准中行"原油宝"产品风险控制管理漏洞，开展精准狙击后的饕餮盛宴，一边是6万余名投资者瞄准原油暴跌的时机，肆无忌惮地抄底入市后血本无归，还要背负2倍以上投资亏损金额的负债。中行"原油宝"穿仓事件给我们上了一堂惨痛的风险教育课。本案例以中行"原油宝"穿仓事件的始末为时间线，从多个角度对此次事件发生的原因、过程和所导致的结果进行分析。客观地介绍了风险识别、风险管理和风险处置在企业日常生产运营中的作用与重要意义。

关键词： "原油宝"穿仓；风险识别；风险管理；风险处置

一、引言

2020年4月21日，这是一个再平常不过的星期二，谷雨刚过，万物复苏。"叮咚……"一个网页推送消息的提示音，唤醒了睡意蒙眬的职场白领王友佳（化名）。

映入眼帘的是一个公告：原油价格为负，历史上出现负值……具体内容她已然无法记住，王友佳双手颤抖，确切地说是她的心脏突然开启了满负荷的运转，如果这则消息属实的话，意味着她不光赔上了"原油宝"账户里所有的本金，还要承担两倍以上的金额作为补偿金赔付给银行。这对一个在异乡孤独拼搏的年轻人简直就是晴天霹雳。

二、如坐针毡的投资人

接下来的一周，王友佳跟与她有同样经历的6万余"原油宝"投资人一样（据财新报道，中行"原油宝"客户6万余户，其中1万元以下的投资者约占1/3、1万元~5万元的约占1/3、5万元以上约占1/3），疯狂浏览各种官方和非官方的公告、网站、论坛，在了解此次"原油宝"穿仓事件的最新消息的同时，也给自己科普了大量之前从未认真关注过的期货交易知识，也是从这个时候开始她才真正系统地了解了"多头、空头、平仓、移仓、交割"等一系列期货交易专业术语。

王友佳与绝大多数的投资者一样，购买"原油宝"无非是从最朴素的理财、投资逻辑出发：即用适当比例的资金投入市场，承担一定的风险来博取超额收益，最坏的结果就是亏掉本金。"原油宝"事件持续地在网上发酵，王友佳借助网络的力量开始搜索和思考：都有哪些人买了原油宝？这次事件究竟谁应该负首要责任呢？

据澎湃新闻2020年对"原油宝"用户的网络调查显示，投资者年龄分布在22~53岁，占比最高的是30~39岁人群，接近总人数的一半，达到49%；20~29岁人群，超过总人数的1/3，达到35%；40~49岁人群达到12%，50岁以上老人占比较低，仅为4%。从地域上来看，投资者集中分布在广东、北京、江苏、福建和浙江等这些经济发达地区，占比接近60%。

在120份问卷调查中，其中没有任何投资经历的人有17人；剩下的103人都有过一些股票、白银等的投资经历；仅仅只有6人有过期货的投资经历。在2019年及以前就买过该产品的用户只有10人，约占8%，剩下的110人，占92%的投资者都是2020年才首次购买该产品。其中，3月份才开始入手的人占据调查总人数的55%，还有超过30%的人员持有时间不到一个月。从调查数据来看，多数投资者都没有真正地了解该投资产品，并且存在一定的跟风倾向，对投资产品的风险状况更是缺乏理性的认识。

从亏损情况来看，算上本金、保证金等，44%的投资者亏损金额小于10万元；45%的人员亏损在10万元~100万元；11%的人员亏损超过100万元。对投资者而言，几十万的亏损对一个普通家庭来说可谓是致命的打击。这样的结果，让王友佳彻夜难眠。一方面是因为此次事件造成的损失几乎让她大半年的收入化为乌有，同时还要承担房贷、车贷、日常消费等一系列的开支，让本就不宽裕的经济状况更是雪上加霜。另一方面，她也清醒地意识到，自身不具备专业的投资知识，缺乏对期货市场的深入了解，难以把握市场交易规则，更没有树立良好的风险识别意识，是造成这次损失的主要原因。

王友佳作为一个受过高等教育的年轻人，虽然这个事件对她眼下的生活造成了很大困扰，但还不至于彻底击垮她的精神防线。恰恰相反，她很快冷静了下来，痛定思痛，决定开启新一轮的深度调查，重新审视自己在这次投资中逻辑和操作上的纰漏，以规避未来投资中的风险。

三、暗流涌动的国际金融市场

随着调查的不断深入，各种纷繁复杂的经济、政治、新冠疫情、地缘博弈等新闻、数据分析材料，竟逐渐地在她的心里明朗起来。她愕然发现，这次"原油宝"穿仓事件，远非她想得那么简单。事发之前，从更广阔的视角来看，早有蛛丝马迹可寻。

新冠疫情对全球经济造成一定的影响，也使原油需求骤减。疫情防控要求的自我隔离导致路上车辆减少，原油下游产业的工厂几乎都面临着停工的风险。在全球抗疫的大环境下和新能源车辆的推广下，短期内刺激原油需求似乎没有什么好的方法。因此，为应对当前的石油产能相对过剩，OPEC（石油输出国组织）拿出了一套减产方案。OPEC大旗一挥，号召所有成员国签订减产协议，以此来稳定原油价格。众所周知，当商品需求减少时，如果想保持价格不变，就应减少商品供应量。

但是该计划遭到了俄罗斯的反对，毕竟国与国之间的交往大都是建立在利益的基础之上。俄罗斯作为主要原油出口国之一，也希望在目前的国际市场占据更多的良机。而在OPEC之外，美国的页岩油也已经异军突起，横向采油的新兴技术帮助美国完成弯道超车，一跃成为原油出口大国。如果OPEC减产，原油价格上涨的主要受益者必然是没有减产的美国页岩油。

市场上，决定产品利润空间的一个重要影响因素就是成本。全世界不同地区的采油成本不同，沙特阿拉伯的产油成本很低，大概在10美元/桶以下，俄罗斯开采成本略高一些，在15美元/桶左右，但美国页岩油是出了名的高成本原油，成本达40美元/桶。沙特阿拉伯与俄罗斯的石油战如果能导致油价跌到现价的2/3，双方仍有利可图，但对美国页岩油企业则是灭顶之灾。市场也敏锐地捕捉到了这一点，2020年3月9日，美国股市经历了第二次熔断，此后的3月12日、3月16日、3月18日，美股10天以内发生四次史无前例的暴跌熔断，金融市场"尸横遍野"，给全球金融稳定造成了极大破坏。

在这种国际金融市场急剧动荡的背景下，短短几个星期内，国际油价腰斩再腰斩，油价的暴跌似乎给了一些投资者抄底的希望。国内的部分散户自以为抓到了"机会"，蠢蠢欲动，纷纷打起了抄底原油的算盘，认为这是百年不遇的大好时机，争先恐后地掏出了多年积蓄在原油上建仓，王友佳就是其中的一员。众所周知，中国大陆居民的身份证不能作为美国期货开户证明，需要办理护照并在外汇证券公司操作。那怎么办呢？总不能看着"这么好"的机会就从自己眼前溜走吧，大家开始搜寻有没有一个无须过多手续，又便于管理账户的平台呢？就这样"原油宝"这个产品就进入了散户的视线，这也为后面的穿仓事件埋下了伏笔。

四、"原油宝"穿仓大事记

（一）惊心动魄的4月"围城"

据中国银行官网显示，"原油宝"是2018年1月2日，中国银行在其所属APP（E金融）上推出的，面向个人客户发行的挂钩境内外原油期货合约的交易产品，按照报价参考对象的不同，其产品分为美、英原油产品。其中，美国原油对应的基准标的为"WTI原油期货合约"，英国原油对应的基准标的为"布伦特原油期货合约"，并均以美元（USD）和人民币（CNY）计价。中国银行发挥的作用主要是提供交易平台并对产品进行风险管理。投资者可以在中行开户并签订协议书，按照相关要求存入一定数量的保证金，就可以进行"原油宝"产品的交易活动。

2020年1月至3月，新冠疫情对全球经济产生了巨大冲击，多数大宗商品价格在第一季度出现剧烈波动，其中，能源、金属类大宗商品的价格波动最为剧烈。

2020年4月3日，芝加哥商品交易所（以下简称"芝商所"）修改IT代码，同意在4月5日允许采用负值进行申报和交易。

2020年4月8日，芝商所采取调整期权定价模型的方式来应对能源价格下跌甚至出现负值的现象。

2020年4月14日至15日，工商银行、建设银行以20~21美元/桶的平仓价格完成了本行纸原油业务的换月工作。

2020年4月15日，芝商所再次对外宣称，已经完成了能源负价格的测试准备工作。

在接下来的几天，中行虽通过多种渠道，如短信提醒、手机银行等对原油宝产品的投资者进行精准提示，如图4-1所示，但只是提醒客户原油市场变动较大，存在较大的风险，并没有明确地告知投资者"负值结算"的交易规则。

2020年4月20日22：00，投资者的该产品账号停止交易，当时的原油

图 4-1 投资者短信截图

价格是 11.7 美元/桶。

2020 年 4 月 21 日凌晨 2：30，WTI 原油 5 月期货以-37.63 美元/桶的结算价格期满了结，也是国际原油期货第一次出现负价结算，"原油宝"事件由此触发。

（二）中国银行的危机公关

2020 年 4 月 21 日，中行发布公告称，历史上首次原油交易价格出现负数为-37.63 美元/桶，他们会积极与 CME 对接，确认结算价格是否有效以及后续的结算事宜。

2020 年 4 月 22 日 9：00，中行确认价格有效。根据客户与我行签署的相关协议，我行"原油宝"产品的美国原油合约将以-37.63 美元/桶进行结算或移仓。同日，"原油宝"投资者收到中国银行按该价格进行结算的短信。意味着投资者的账户资金不仅要清零，还要补交给银行两倍以上的投资亏损金。

2020 年 4 月 22 日下午 4：00，针对"投资者的保证金充足率小于 20%，系统将按照一定的原则进行强制平仓"的说法，中行客服给出回复："中行原油宝若为合约最后交易日，则交易时间为 8：00 至 22：00。"然而保证金

77

跌至20%以下是发生在当天22：00之后，不在中行强制平仓的交易时间范围之内。

2020年4月22日18：00，有媒体报道，中国银行保证金账户在不签订新合同的情形下，将不可以转出自有投资。此外，若不及时将此次平仓损失补齐，中国银行客服则表示"银行有权向中国人民银行申请将欠款记录纳入其征信"。并于当天20：00左右，中国银行从"原油宝"产品本身、产品到期处理等五方面对当前的操作行为予以说明。

2020年4月24日，中行称会持续就原油交易价格为负的事宜与相关机构进行沟通，尽最大的能力来维护顾客的利益。

2020年4月29日，中行称会充分考虑广大客户的合理诉求，在法律允许的范围内，尽快拿出解决办法，并承担相应的责任。

看到中行一条条的信息披露，王友佳和大多数投资者一样，迫切地期待"原油宝"事件能有个较好的解决办法。

（三）监管介入与事件平息

2020年5月4日，国务院金融稳定发展委员会第二十八次会议明确指出，金融机构要不断地增强风险意识，强化管控措施，应对国际商品市场价格波动较大的风险。

2020年5月5日，中行发文称，如与投资者无法达成和解，双方可诉诸法律寻求解决。同时，保留依法向外部相关机构索赔的权利。

2020年5月11日，在中行的手机银行界面，投资者可以看到关于原油宝的和解协议，大意是银行承担负值的损失，对保证金低于20%的，结合客户的实际情况给予差异化的补偿。

2020年12月5日，中国银保监会对中行在"原油宝"事件中存在的违法违规行为做出5050万元的从重处罚。[1]

至此，"原油宝"穿仓事件告一段落。但王友佳心中的波澜并未完全平息，她也为自己的"冲动"进行了"买单"。通过对整个事件来龙去脉的详细梳理，她认识到看似毫不相关的国际大环境风云变幻与地缘政治博弈，会对大宗商品的交易市场产生潜移默化，甚至是决定性的影响，同时她也借此机会学习了期货投资的专业理论知识。在目前的认知范围内，她思索着今后该如何避免，类似"原油宝"的高风险金融衍生产品穿仓事件的再现。

五、金融衍生品风险管理

既然事情已经发生了，她能做的就是"吃一堑，长一智"，她自己开始不断地研究金融产品，认真做好总结。

（一）产品设计层面

她从客观的角度对中行"原油宝"穿仓事件进行分析，发现中国银行作为专业投资机构，未充分考虑到国内、外极端环境的变化对产品投资者可能造成的潜在的巨大损失。事件的发生从机构和产品层面来看，有以下三点主要的影响因素：

（1）中行的金字招牌、100%保证金和三折的超低费用。在对外宣传文案中，中行将该产品定义为"好玩、有趣还可以赚钱"的产品，是绝大多数散户投资者敢于以身试险的关键因素。在这些已知条件约束下，"原油宝"产品投资者最坏的投资预期是本金不保，更有部分激进的看多投资者，增加杠杆以博取更大的收益。这为此次"原油宝"穿仓事件埋下了巨大的隐患。

（2）对市场风险识别严重滞后，产品设计存在明显缺陷。早在4月3日，危机爆发前，芝商所就通知修改了IT系统的代码，决定从4月5日开始允许"负油价"申报和成交。据此规则，很多交易者提早更换了合约。而中行"原油宝"的系统设置依然是到原油交割倒数第二天才换合约，也就是说，在此之前，合约一直挂在中行系统交易，客户不平仓，"原油宝"交割系统就不会主动平仓。该产品没有给客户足够的操作空间，客户和中行赌的是全天的油价，中行却在最后交易日直接下了TAS指令（Trading at Settlement，结算价交易指令），停止了客户的操作，致使客户无法对当天22：00之后的油价做出反应。正是这个时间差，为国内、外空头机构，提供了绝佳的狙击窗口。

（3）风险应对机制不健全，危机公关方式欠佳。根据中国银行原油宝协议，当保证金低于20%时中行将会实行强制平仓的风险控制手段，但现实中并非如此。在原油宝"穿仓"事件爆发之初，中行第一时间发布公告，宣布-37.63美元/桶结算价格有效，并给投资者发送信息，造成市场的巨大恐慌。4月24日至5月5日，中行转变前期强硬态度，针对"原油宝"产品接连发布5条公告，表示中行将继续全力以赴维护客户利益，并于5月19日宣布与该行80%的顾客达成了和解。

（二）投资者层面

从澎湃新闻对投资者的调查中显示，投资者本身对于期货的交易了解较少，存在盲目跟风的问题，不具备专业的投资知识，对于"移仓""平仓"的概念是什么都不是很清楚。超过六成的投资者不知道"原油宝"产品与期货合约挂钩。足以表明，投资者本身的风险意识较差，缺乏投资经验，对于市场交易规则没有充分研究和了解,只是希望通过"抄底"赚差价,也从没有想过原油价格会出现负值的现象,天真地认为原油价格跌至谷底,是入手的绝佳时期。

因此,作为投资主体,个人应该不断地加强金融知识的学习,树立正确的风险意识,在投资前详细了解投资产品,保持理性,对自己不熟悉的理财产品一定要保持头脑清醒,切忌盲目跟风,以免带来不必要的损失。

(三)监管层面

从"原油宝"事件中,我们也可以看出我国的监管机制存在一定的漏洞。目前我国金融业实行的是分业监管的体制。"原油宝"作为证券衍生产品,按理说应该由证券公司发行并监管。但是,目前在激烈的竞争环境中,实力强大的银行企业在进行业务创新时,会选择投放此类证券衍生品业务。目前我国实行的分业管理体制,银保监对银行的所有业务进行监管,而该部分证券衍生品也无法纳入证监会的监管范围中。

六、尾声

梳理完上述内容,已经是满天星辰的后半夜,王友佳手捧一杯热咖啡,站在自家露台上,平时人来人往的小巷此刻只剩下了零星的几盏路灯与偶尔驶过的电瓶车。虽然她已经接受了这次盲目投资所带来的损失,并给自己好好地上了一课,但想到还有45%的人损失10万元~100万元,11%的人损失100万元以上,她的心里依然无法平静。此时此刻,并不是所有人都可以像她一样,在理性思考之后走出了投资失败的阴霾……

思考题:

1. 什么是风险识别?中行在原油宝事件上存在的过失有哪些?
2. 请从不同的角度谈谈应如何控制此类风险?
3. 通过学习王友佳的亲身经历,对你有什么启发?

参考资料:

[1] 中国银保监会依法查处中国银行"原油宝"产品风险事件 [R/OL]. 中国银行保险监督管理委员会,2020-12-05.

第五章

管理的创新职能

案例一　瑞源的创新与成长之路

摘要： 一个名不见经传的小规模乳制品企业能够经受住市场的考验，在整个乳制品行业竞争异常激烈的情况下，能够持续保持盈利，新疆瑞源乳业有限公司（以下简称"瑞源"）实现了发展过程中的创新与成长。本案例以瑞源20年的成长发展历程为主线，通过描述组织创新、产品创新、营销创新来体现瑞源的管理创新，以及后期进一步寻求突围的创新路径，为读者展示一个民营企业通过创新实现转型升级和成长的真实情境。

关键词： 管理创新；组织创新；产品创新；营销创新

一、引言

1999年11月，中国西北方正处在寒冷的冬季，这一年的冬天似乎比往常更冷一些。在新疆巴音郭楞蒙古自治州（以下简称"巴州"）的一幢居民楼里，年近40岁的于瑞红站在窗边已经一个多小时，其间除了时不时地裹了裹身上的衣服，几乎未曾移动。她陷入了沉思："我还能干什么，我还能走多远，我应该守着餐饮行业还是另辟蹊径，开创一片新天地呢？"

让她陷入沉思的起因是，这一年发生了两件大事。一件是九届全国人大二次会议明确了非公有制经济是中国社会主义市场经济的重要组成部分，另一件是我国提出了西部大开发战略。于瑞红在巴州经营着一家酒楼，但这两件事情对她的触动很大，让这位在新疆奋斗多年的企业家看到了新的希望。2000年11月15日，一场国家"学生饮用奶计划"的新闻发布会，使她看到了市场的商机。她决定重新起航，利用政策优势，发展地方特色经济，立足农牧业，发展新疆本土牛奶品牌。同年，她接下了欧盟为新疆提供的一个牛奶生产线，又干回了畜牧业的老本行。

二、发展历程

（一）瑞源的成立

瑞源成立建于2001年4月，坐落于美丽的梨城新疆巴州库尔勒，集奶牛养殖场农业综合开发、乳制品生产加工营销于一身，也是新疆的龙头企业，巴州重点支持的"小JR"企业，国家级学生饮用奶定点生产和加工企业，2004年该企业通过ISO9001：2000国际质量管理体系认证，是新疆设备最先进的乳制品生产企业之一，4000多个销售网点遍布全国。

（二）发展道路并不顺畅

虽然瑞源成立之初于瑞红引进了当时具有国际先进水平的瑞典利乐超高温瞬时灭菌自动化生产线，使瑞源成为当时新疆技术装备最先进的乳品加工企业，但发展的道路并非一帆风顺。瑞源利用新疆的政策主打"学生奶"，产品主要集中在液态奶上。随着内外部环境的变化，瑞源公司的利润空间一直被挤压，公司也面临着一系列的问题：

一是液态奶同质化现象严重。公司主打的超高温瞬时灭活和利乐枕包装的液态奶在市场中逐渐失去优势地位，利乐枕包装的使用在各大乳制品品牌中随处可见。液态奶的竞争激烈，总体利润率偏低。

二是自主创新能力有限。瑞源成立之初的定位是做新疆特色乳制品，但由于团队中的成员大多是当地的居民，自主研发的能力较弱，在自主创新的道路上企业走得非常艰辛。

三是外部市场竞争激烈。不仅有伊利、蒙牛、光明等大品牌对新疆市场的渗透，还有本土西域春、花园等品牌共同瓜分新疆市场，瑞源传统奶产品的市场销售份额受到了一定的影响。

四是消费者需求的变化。随着人们生活水平的提高，市场上对于乳制品的需求增加，乳制品的消费主要集中在大城市城镇居民中。我国农村居民奶制品消费趋势呈现绝对量较低但增长速度较快的特点，未来的消费潜力很大。

这该怎么办？对于公司面临的外部机遇和挑战，于瑞红连续几日彻夜难眠。她常常一个人坐在公司的办公室里思考：接下来瑞源应该怎样发展呢？面对着主打产品液态奶严峻的竞争环境，年轻的管理团队的出路又在何方呢？继续维持现状还是改变？她在随后的员工大会上提出了一个想法：我们需要通过管理提高公司的创新能力，加强人才的培养，改变组织管理模式，开发出新的产品，实现一次质的飞跃。

（三）发展道路选择

那么怎么实现质的飞跃呢？于瑞红感到压力巨大，当时公司人员有限，如何解决企业面临的困境？如何带领瑞源人走出一条属于自己的特色产品之路？在2012年的头几个月，看到员工迫切的希望和满满的期待，她感觉身上的担子无比沉重。她与技术研发部、生产部、销售部的主管进行了几个月的调查，对企业的发展逐渐形成了两种意见：一种是维持原有的组织架构，实行规模化生产；一种是成立新公司，深度开发特色产品。两种方案的比较如表5-1所示。

表5-1 两种方案的比较

比较项目	维持原有的组织架构	成立新公司
设备	增加新的生产线	进行设备改造
人员	可以满足生产	创新能力不足
市场	市场竞争激烈	开拓新市场
成本	规模生产可以降低成本	前期投入大
利润	较低	较大
风险	较小	较大

于总和公司的高层经过反复的对比讨论，在公司的管理上是维持原有的体系架构还是创办一个新的子公司的问题上，她最终决定成立新公司。2012年，瑞源乳业在库尔勒经济技术开发区申请注册子公司——新疆凯瑞可食品科技有限公司（以下简称凯瑞可公司），致力于发展乳业全智能系统，以现代的科学技术减少对人工的需求，降低产品的成本。同时开发多样化的产品，以满足市场的需求。坚持走特色化的产品发展道路，避免乳制品同质化的竞争。

三、管理创新"三部曲"

(一) 组织创新

1. 组织结构创新

对于成立新公司,走多样化的产品道路,公司内部的员工也提出了异议,开发多种产品对于研发能力会有更高的要求,我们能够满足吗?尽管公司员工对于发展道路的选择存在疑虑,但是既然选择了这条道路,就必须坚持下去。新公司的组织结构必须突出研发部门的重要作用,此次分公司的成立将研发部从生产部门独立出来,鼓励新产品的研发。分公司的组织结构采用直线制的组织结构形式,由于总经理直接领导生产、销售、质检、综合办等各部门,责任明确,能够加快信息传递的速度,便于各部门统一协作,如图5-1所示。

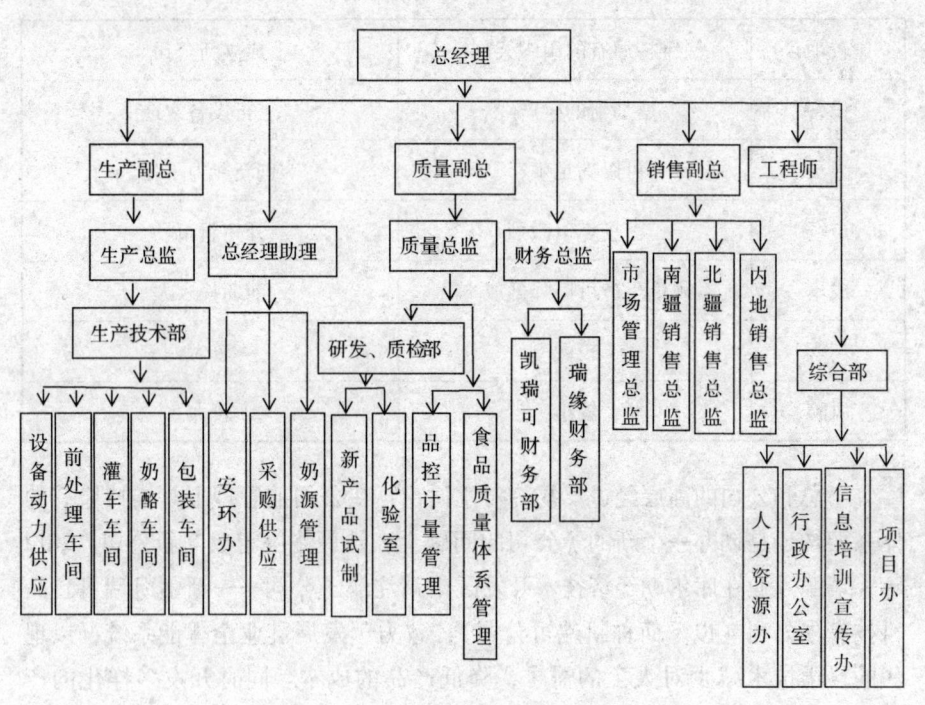

图5-1 瑞源乳业的组织结构图

2. 制度创新

引进新的智能化管理技术,将大批的一线工人解放出来,公司对人员进行了大幅度的优化和整合,鼓励员工岗位轮换,积极参与企业的生产和包装环节，只有熟悉企业的生产流程才能更好地提供新的思路和想法；鼓励员工参与产品创新，不再将员工局限在某个单一的工作岗位，当出现人手不足的情况时，各部门之间可以进行有效的协调，进行人员借调，这在一定程度上为员工提供了学习机会。

增设"质询会"，员工每周都根据自己的岗位工作进行规划和汇报，将自己的工作计划和实际完成情况进行对比，实行自我管理。同时将绩效考核与质询结果相结合。这一制度在很大程度上降低了管理成本，提高了员工工作的主动性和积极性。

加强激励制度的建设。为鼓励员工建言献策，于总新增了一些创新激励措施。如果员工新的创意想法被采纳会给予一定的物质奖励；此外，于总经常会给大家出一些"难题"，比如，她一次外出学习看到"翡翠水饺"，回来后她就把研发部门的人员聚在一起，让大家考虑这个水饺是怎么做成的，谁先完成就给予谁一定的奖励。那几日大家都争先恐后地进行尝试，创新劲头十足，氛围良好。

建立人才开发机制，加强人才引进。2020年高薪聘请完达山乳业的刘总管理公司事宜，让专业的人做专业的事，加强公司的规范管理，为日后瑞源的上市做准备。主抓内部员工培养，提拔能力出众的员工，打开晋升通道。在瑞源，只要员工有能力，不论你的学历、年龄如何，都能够得到重用。作为一家民营企业，更多的是坚持以培养为主，逐步提升，给予员工更多的发展机会。

当别的企业都出现招工难、人才流失严重的情况时，瑞源的员工离职率却比较低，在公司工作5年以上的员工比比皆是。"企业给了我这么好的发展平台，不错的工资待遇，我怎么会想着离开呢？"综合办侯主任高兴地说，"我们部门的员工有很多也是我介绍过来的，截至2020年，我们在一起工作也有七八年了，大家相处得都非常愉快。"

（二）产品创新

1. 自主研发——铁木真的干粮：奶疙瘩

2008年在"三聚氰胺"事件和全球金融危机的影响下，国内乳制品行业受到了一定冲击，消费者对于乳制品的质量存在一定的疑虑，瑞源主打的液态奶在市场上的销售量也出现下滑。这可如何是好？于瑞红的脸上挂着愁容。为了解决这个问题，她出差的频率更高了，希望通过外出学习、交流打开思路，这样忙起来饿肚子是经常发生的事情。工作的忙碌让很多人无法正常按时吃饭，人们常说："人是铁，饭是钢，一顿不吃饿得慌。"怎样使忙碌的人也能够保证充足的营养呢？这一问题在于瑞红的脑中萦绕。

2008年在瑞源产品研发中心的一次头脑风暴会上，主要就当前的外部环境企业应该如何发展自身产品进行讨论。几位研发员兴致勃勃地阐述着自己的观点，当今三聚氰胺奶粉事件对于液态奶的影响是深远的，我们应该怎么办？"如果还是依托液态奶的生产和销售，我们恐怕难以消除市场消费者对奶产品的偏见。"小赵面带忧愁地说。

"全球金融危机对经济的发展也有很大的影响，人们的消费能力对乳制品的需求也有一定的影响"，小李也表达了他的疑虑。

"我们生产的产品液态奶在携带的过程中，尤其是长途旅行中会存在一定的不便。对像我一样经常需要参会和出席重要活动场合的人而言，也难以满足我们及时补充能量的需求"，于瑞红也表达了自己的观点。

研发中心的负责人王总说："你们提到的都是目前存在的客观问题，那我们怎么改变我们的产品呢？我们能不能开发一款新的产品，就像压缩饼干一样呢？"听到这个想法，大家眼前一亮，纷纷来了兴致。

接下来的几个月，在于瑞红的带领下，王总和研发中心的同事日夜奋战，不断地尝试制作奶疙瘩。但是由于他们没有前期经验，只能借鉴欧洲农家干酪工艺，起初研发出来的干酪味道酸涩，没有嚼劲，口感较差，产品开发一度陷入困局。后来，他们通过了解新疆当地少数民族传统乳制品手工制作流程，将该流程引入工业化的范畴，融入现代食品安全理念，功夫不负有心人，经历了无数次的失败后终于实现了新疆传统奶疙瘩与现代工业技术的有机结合。为了与现有的奶酪产品进行区分，他们首先将该产品赋予一定的历史文化，起名为"铁木真的干粮"，帮助人民铭记历史以及民族的英雄铁木真；其次对产品的外观进行了创新，这款奶疙瘩呈"心"形。于瑞红说："这个形状看似简单，却与我公司的文化紧密相连，通过新产品对外宣传公司的企业形象，这也是我们考虑对该产品的外观进行改良的一个重要原因。"一个简单的心形向外传递着瑞源人用心做产品，真心做好产品的决心，也传递着"母亲"的爱与呵护。最后是口感上的改良，去除了传统奶酪的酸涩，吃起来更加香甜，奶味更浓。该产品的蛋白质和钙的含量分别比牛奶高了7倍和5倍，研发部的王总说："如果你很忙，打开一个奶疙瘩兑上水就是一杯香甜的牛奶。"这款产品形成的产业链附加值，比同等规模的传统乳品企业增长了25倍，被称为当代中国的"奶黄金"。

在 2008 年外部竞争环境激烈的情况下,瑞源人通过自主创新的产品奶疙瘩异军突起,产品供不应求,当年实现销售收入 1636 万元,新产品产值率达到 56.19%。后期,于瑞红不断对奶疙瘩进一步进行加工,奶疙瘩从原味、无糖的单一品种,迅速衍生出红枣味、花生味、黑谷物味、紫薯味、南瓜味的多元化品种。新产品帮助瑞源在国内的乳制品行业站稳了脚跟。

2. 产学研结合——乳清酒

在奶酪的生产过程中会分离出许多乳清,2011 年以前乳清直接作为生产废料被处理掉。"这部分材料能够被利用起来吗?如果可以的话,这将给企业带来不少的利润。"于瑞红通过与东北农业大学建立产、学、研合作,双方优势互补共同深化乳制品研究,经过长达一年的研究,终于在 2012 年乳清酒专利申请成功,同时该项专利也获得了新疆专利一等奖。面对自身无法解决的技术问题,于瑞红说,她只能出去搬救兵,但是能不能成功她也不知道,只想着去做就行了。该项专利技术的发明,使得瑞源在干制奶酪的基础上利用副产品乳清进一步加工成乳清酒和乳清醋,年产量达 3000 吨,年产值达 2.1 亿元。至此,瑞源也成为乳制品公司中产业链最长的公司。

3. 行业的领跑者——一款可以嚼着喝的酸奶

2015 年新年刚过,产品研发部的王总高兴而又为难地从于瑞红的办公室里出来了。高兴的是于瑞红特别重视新产品的研发,这让他看到了希望。为难的是于总给他下命令了,说市场是不断变化的,我们应该具有紧迫感,不能够让自己的脚步停下来,要不断推陈出新,敢为人先,探索新的产品。那接下来该怎么办呢?

王总立刻组织产品研发部的人员召开紧急会议,要大家集思广益,会议围绕我们是做哪方面的创新,是改良产品的口感还是推出一款完全不同的产品而展开。会议持续了几个小时,大家的想法都不一样,最终也没有形成统一的结果,这让王总更为难了。随后长达一个多月的时间里,他不断与生产、销售和公司的高层领导进行沟通,各部门通力合作,搜集市场上消费者的爱好,其他竞争对手的产品和销售状况,最后终于决定开发一款新产品——可以嚼着喝的酸奶。王总把这个想法向公司的高层领导做了详细地汇报,于总当场表示支持,要求王总立即成立产品研发小组,并授权王总全权负责;同时要求王总定期汇报工作进展。

为了做好这款产品,研发中心的小组成员可是没少下功夫,怎样使酸奶的口感更好,燕麦仁更好吃。经过几个月的探索,他们最终选定了纯正高原的燕麦粒，受地理条件的影响，燕麦仁的产量较低，无法进行大规模的机器收割，瑞源各个岗位的人员利用自己空闲的时间来干点儿农活——亲手挑选燕麦仁，正是由于这"不务正业"的操作才有了颗颗饱满、粒粒醇香的燕麦仁。一款嚼着喝的酸奶就在瑞源人的手中诞生了，纯正高原燕麦粒遇上传统新疆酸奶，醇厚的奶香，渗透着麦香。丰富的膳食纤维，还有帮助消化的乳酸菌，在充分补充营养的同时，也可以帮助人们活动肠胃，保持健康。这款产品将奶制品的营养和人们追求的健康有效地结合了起来，产品一上市就受到了广大消费者的好评。也正是由于这个产品，瑞源的销售收入首次突破亿元大关。一款产品的研发，带来了公司效益质的提高，该产品也成为国内首款燕麦仁酸奶，公司成为行业的领跑者。

产品的成功创新终于让王总松了一口气，他看到瑞源的产品在市场上有如此好的成绩，表示自己还会继续在产品研发的道路上走下去，然后开发出更多的新产品，进行工艺改良，使瑞源在特色产品的道路上越走越远。

（三）营销创新

虽然瑞源的多样化产品在市场上取得了一些成绩，获得了消费者的好评，但是乳制品行业不是只有瑞源一家进行多样化产品的生产，如何让自己的产品走出新疆、走向全国是瑞源打开更大市场空间必须面对的问题。于总在新产品市场推广过程中发现，比如燕麦酸奶，当首款燕麦酸奶在瑞源诞生时，市面上没有一家企业有同类产品，随后出现了众多品牌的燕麦酸奶，企业间相互模仿的现象非常严重。往往一个新产品推出没多久，就会出现很多相似的产品，这在一定程度上也会影响企业的利润。因此，只有企业的营销也走在别人的前列，才能比别人走得更远。

瑞源在产品的销售过程中，除了传统的店铺和商超销售，他们还积极探索符合乳制品特征的营销新模式。

首先，精准的市场细分。针对细分市场的特定需求，进行个性化的产品开发和生产。如针对学生市场开发的"学生奶"，借助新疆当地政策的支持，让学生喝上放心的牛奶。随着人们生活水平的提高，大家越来越注重健康和养生，瑞源开发出脱脂无蔗糖酸奶，对注重养生的人来说，不仅脂肪含量比较低，还可以补充蛋白质；对于减肥人员，饱腹感持续时间更长，多吃不怕。

其次，注重电商平台。要想从新疆走向全国，单纯依靠线下的销售模式已经难以满足瑞源的发展之路。在营销上进行线上和线下的资源整合，除线下学校和商超的供应外,通过线上与客户加强沟通和联系,拓宽销售渠道。于瑞红借助巴州大力发展电子商务的契机在互联网平台上进行产品销售,如通过京东、天猫等电商平台进行销售。

再次,多渠道与供应商进行合作。辰颐物语是近两年发展势头非常迅猛的水果平台,主打从农户到餐桌的健康产品,在其丰富的产品名目中,来自巴音布鲁克的纯牛奶走进了更多人的视野,"新疆牛奶"的生产商是凯瑞可公司,通过与辰颐公司合作,更多瑞源公司生产的牛奶出现在了内地人的餐桌上。

最后,全员营销。每到过春节的时候,你会看到瑞源全体员工主动进行产品销售,没有销售部经理的任务定额,没有公司总经理的催促,瑞源的员工纷纷加入了销售阵营。一箱"牛牛哥"奶糖提成两块钱,产品有特色,销路就不愁,口碑相传,一个春节下来大家可以用这笔收入换个新的电动车、新的手机,新的一年红红火火。企业得到了利润,员工得到了实惠,全员营销这种新型的销售方式为瑞源的产品打开了新的市场。

四、寻求突破

随着市场的开辟,新的问题又出现在瑞源面前,企业的奶源供应紧张,产品的深加工有待进一步提高,单纯依靠企业自身的力量已经难以满足市场的需求。

(一)拓宽奶源,保障原料供应

是否有优质的奶源是消费者判断产品好坏的一个重要标志,瑞源从成立之初便坚持使用巴音布鲁克的优质奶源。2020年新冠疫情暴发,2月2日瑞源向武汉市捐赠了价值200余万元的酸奶、牛奶和奶酪等物资,包括瑞源硬质奶酪1812千克、瑞源燕麦仁酸奶6700箱和瑞源纯牛奶9200箱。一次普通的捐赠,却为瑞源打开内地市场提供了机会。在新冠疫情的影响下,国内经济受到了严重的打击,后期的复工复产中,瑞源却订单不断,实现了销售额的大幅度提升。一方面是大量的订单,另一方面是原料供应的短缺。如何有效解决这个问题呢?缺少奶源,瑞源人就着力寻找优质奶源,多渠道获取优质奶源。瑞源的奶源主要集中在巴音布鲁克草原,后来又在焉耆县建立千头奶牛基地,建立千亩饲料基地,通过奶源合作社、托牛所、奶源基地保证充足的奶源。新建奶牛饲养基地,严格进行奶牛育种,从依赖外部收购到自己供应,力图有效地解决奶源不足的问题。

（二）加强技术合作

2019年5月30日，瑞源与中科院中科粮技术服务有限公司合作建立的奶产品联合研发实验基地正式揭牌，双方签订了战略合作协议。双方将集中在奶产品创新研发、奶产品安全保障和奶源基地的优势资源，拟在奶产品领域全面合作。一方面，瑞源加强内部的自主创新，不断推陈出新，进行产品改良；另一方面与外部的科研机构进行联合开发，坚持走产、学、研合作的道路，不断研发新技术。瑞源和中粮的联合开发可使双方集中更多的资源进行更具地域特色的乳制品的创新研究。

此外，瑞源还通过产、学、研联合开发，与多个高校的学者专家建立科研合作关系，如中国农业大学、东北农业大学、新疆农业大学等。实施科技创新和新品开发，延伸企业的产业链，先后研发出16个科技含量较高的新产品，并成功推向市场。

（三）发展生态旅游

2014年，瑞源在库尔勒国家级技术开发区投资1.2亿元建设的集生产安全化、高度信息化、管理专业化、观光旅游、科普教育于一身的具有生产示范性的现代化乳制品绿色加工厂正式投产。2020年，瑞源又投资开发新疆万瑞和生态有机体验观光牧场项目。该项目是一个以生态开发为宗旨，集科研、种植、养殖、旅游休闲于一身的绿色生态园，项目总投资3.6亿元，总面积5800亩。其中存栏万头奶牛高标准养殖基地2000亩，饲草种植区3500亩，奶酪加工基地50亩，有机果蔬采摘区200亩，科普研学办公基地50亩。该项目的投产建设，既能保证上游的奶源供应，又能为中游奶产品的研发提供保障，提高下游盈利收入，为企业利润增加新的收入来源。

随着消费者的需求日益个性化，人们更加注重产品的质量和个性化，消费需求也从低层次消费向高层次消费转变。瑞源进一步扩大业务范围，依托原有的奶产品，办起了生态旅游，迎合消费者多方面的需求，为企业的发展创造新的利润增长点。

五、小有成绩

2018年，瑞源和凯瑞可公司已成为国内乳品行业独具特色的产业链延伸最长，附加值最高的科技型、创新型企业之一。产品销售区域扩展到北京、上海、山东、江苏、四川等全国60%的区域，2022年瑞源乳业的年产值已接近4亿元。

2019年年末，企业总资产17337万元，实现销售收入16867万元。于总说，今后将加大在乳产品创新研发领域中的投入，也将把食品安全提升到公司的战略高度，树立和提升企业形象，为企业的发展注入活力。

目前，企业已拥有年产9万吨牛奶的综合加工农业循环经济项目，并在库尔勒经济技术开发区建成集工业旅游、科普教育、休闲观光于一身的大型现代化乳制品生产基地。此外，该基地也成为国家高新技术企业、国家主食加工示范企业、新疆产、学、研联合开发示范基地，拥有1个自治区级企业技术中心，1个工程实验室。拥有专利19项，其中发明专利10项（自治区发明专利一等奖1个）、实用新型专利2项、外观设计专利7项、55个注册商标、1个自治区级科技成果、3个自治州级科技成果、4个市级科技成果。核心技术覆盖饲草种植、奶牛标准化养殖、奶酪生产、乳清综合利用、乳清营养酒制备、乳清营养醋制备、坚果奶酪技术、特色酸奶加工技术等主要环节。

六、瑞源未来之路

在凯瑞可公司中控室，一名工作人员正在用两台电脑，通过智能化监控，实现所有生产设备、管线、工艺等方面的远程监控。于瑞红说："在'十三五'期间，我们积极地进行了技术创新和设备升级改造，现在，从原料奶收购到成品出库，全部实现了智能化操作。""十九届五中全会提出，提升企业技术创新能力，激发人才创新活力。今后，我们将加强技术创新，引进人才，研发新品，推动企业更好地发展。"瑞源的产值高于国内乳制品行业同等规模下传统乳制品生产企业的2.5倍，瑞源具备其他企业难以模仿的竞争优势，为以后走上上市之路打下了坚实的基础。

七、尾声

作为一家只拥有200人的民营乳制品企业，瑞源在成长的道路上走出了一条属于自己的管理创新之路。近几年的盈利状况增加了员工对企业发展的信心。面对不断变化的外部市场，于总也在思考，瑞源的人员结构能否为未来的新产品开发提供持续的动力？企业管理创新还能做得更好吗？

于总清楚地知道，只有坚持创新，走自己的路才能在市场上占有一席之地。"路漫漫其修远兮，吾将上下而求索"，他们有这份信心！

（注：本案例由新疆科技学院李晓连撰写，作者拥有著作权，未经授权不得转载、改编、摘编等。）

思考题：
1. 瑞源为何会做出成立新公司、走多样化产品的创新之路？
2. 瑞源是如何体现管理创新的？
3. 瑞源是如何寻求创新突破的？
4. 结合案例分析瑞源公司特色乳制品创新之路对其他乳制品生产加工企业有哪些可以借鉴的经验？

参考资料：
本案例资料由新疆瑞源乳业有限公司提供。

案例二 中泰纺织集团的"学习型组织"是怎样炼成的

摘要：新疆中泰纺织集团有限公司（以下简称"中泰纺织集团"）是新疆企业中的标杆。本案例通过中泰纺织集团党委书记、总经理冯文军的困惑以及部分受训人员的切身感受展开，介绍了公司的发展背景以及培训体系的由来、发展中碰到的问题、改进历程和取得的成效。案例以真实事件为背景，期望读者能从中提炼出企业如何构建"人才强企"的战略，如何构建分层次差异化的培训体系，以及后备人才开发有效性的一般规律。同时案例中还抛出了一些决策性问题，希望读者能基于培训开发的理论和实践思考相应的对策，进而达到提高案例学习水平的目的。

关键词：中泰纺织集团；学习型组织；培训体系建设；后备人才开发

一、引言

经历了疫情防控和安全生产并举的不同寻常甚至有些艰难的 2020 年之后，2021 年的春天如期而至，冬去春来，岁末年初，不由得让人思绪万千。此刻，中泰纺织集团党委书记、总经理冯文军正在回忆着这一切，不禁感慨万千。中泰纺织集团的前身始建于 2007 年 8 月 6 日的新疆富丽达纤维有限公司，自2019年8月6日正式组建成立以来，公司日益发展壮大，作为公司的一员，冯文军一方面感到无比骄傲和自豪，另一方面却又感到压力巨大。从2016年4月开始，中泰纺织集团跨界重组中泰纺织集团粘胶纤维，以此为契机，先后股权投资巴州金富特种纱业有限公司、新疆富丽震纶棉纺有限公司等7家上下游关联企业，加快新疆区域纺织服装布局，形成了"土地流转—棉花种植—纺织""盐化—纤维素纤维—纺织""石化—聚酯—纺织"3条完整产业链，而这3条产业链均是以纺织为终端的一体化产业集群。这一战略的实施，对公司人才队伍的建设提出了更高的要求，但是目前公司人才队伍的建设很明显难以跟上公司业务发展的速度。刚想到这里，就接到原液一车间吴主任打来的电话："最近车间新进员工比较多，而且大部分员工没有任何工作经验，为了保证公司能够正常进行生产经营活动，车间急需对员工进行培训。"挂断电话之后，冯书记陷入了沉思……培训，用什么资料来培训？由谁来培训？采取什么方式进行培训？多长时间培训一次？一周培训多长时间才能使新员工尽快适应和融入车间工作中，提高员工的管理能力和技能水平？怎样针对不同层次的员工进行培训，做好后备人才开发和培养，进行人才梯队建设？对于危险性比较高的生产性企业，怎样保证安全生产，使企业在"十四五"期间或者更长远的未来实现更好的发展？这些都是亟待解决的问题，这让冯文军感到很困惑，于是冯文军开始琢磨怎样建立员工的培训体系，打造学习型组织。

二、公司背景介绍

中泰纺织是新疆中泰（集团）有限责任公司的下属国有公司，注册资本23.79亿元人民币，法定代表人郭新武。主导产品有棉型漂白、中长漂白、细里漂白、毛型漂白、高白医用纤维、阻燃纤维、毛型纤维等各种规格纤维素短纤维，及其他各种不同纤度、长度的特种有色纤维和短纤维，32支以下气流纺纱和60支以下涡流纺特种差别化粘胶、棉及混纺纱。主导产品以高支、高密、宽幅家用纺织品和高档服装面料为主，具有耐磨、抗起球、色泽鲜艳、吸湿性好、舒适性好、适应性强等特点。原材料为石灰石、原盐和煤，纺织产品在实现疆内本地转化的同时，销往福建、江苏、浙江等地，国外丹加拉纺织产品远销土耳其、俄罗斯、巴西等国家。

（一）中泰纺织集团的发展历程

2014年5月，第二次中央新疆工作座谈会后，中泰纺织集团积极地响应自治区"发展纺织服装产业带动百万人就业"的号召，借助新疆纺织"三城七园一中心"发展战略，在库尔勒纺织工业园建设中切实承担起示范和推动作用，推行绿色环保节能生产，打造循环和可再生发展模式。"十三五"末，按照集团公司延伸产业链、提升价值链、打通供应链战略规划，中泰纺织集团形成了从绿色制浆、再生木浆制造、纤维素短纤维生产、高端纺纱及下游织造的全产业链发展模式，成为具备年产72万吨纤维素短纤维、25万吨浆粕、60万吨硫酸、315万锭粘胶纱、合计配套136MW动力站、合并资产总额170亿元、员工6980人的大型企业。实现了烧碱—粘胶纤维有机结合，构建起煤电、盐烧碱—粘胶—纱布等一体化集群耦合、循环互补、协调发展全产业链。

2016年抓环保"活下来"。为环保而战，为生产而战，在刚刚完成跨界兼并后，中泰纺织集团积极响应国家的政策，总共投入8个亿，启动7个环保项目。中央在2016年和2017年为期两年时间内对企业进行环保督察，国家实行节能减排政策，好多耗能高、污染严重的企业都被关停。冯文军高瞻远瞩、审时度势，率先进行环保整改。后来冯文军说："2016年的环保年干对了，否则我们就不可能取得今天的成绩。"

2017年抓扩能"大起来"。中泰纺织集团先后兼并重组托克逊鱼儿沟产业园，投资建设产业园等，以此减少竞争对手，释放产能，扩大企业规模，提升企业的竞争力。

2018年抓设备"强起来"。这一年，企业加入再生纤维素纤维行业绿色发展联盟，采购了全球最先进纺机设备，以前需要上万人，现在仅仅需要20多人。为了增加就业，后面部分的生产线没有上新设备。为了对这些自动化的设备进行管理，公司制定了设备管理制度，对设备操作人员进行了培训，大幅度地提高了生产效率。

2019年抓质量"促稳定"。公司通过STEP认证审核（可持续纺织生产认证），申请Made in Green（绿色制造）贴标。2019年8月，新疆富丽达更名为新疆中泰纺织集团有限公司，对优化中泰集团纺织服装产业战略，建立一体化协同联合产业体系以及今后的发展插上了腾飞的翅膀。12月25日，经中国棉纺织行业协会认定，粘胶纤维产品质量已达到国内先进水平，公司产品通过STANDARD 100 by OEKO-TEX®认证和FSC森林管理体系、CFCC森认论证两大认证。

2020年抓成本"促发展"。公司积极地响应国家的政策进行节能减排，按照巴州"一区一中心一枢纽和五大基地"的战略发展定位，其中，纺织服装生产基地即其中五大基地之一，为中泰纺织集团发展服装产业迎来了新一轮的发展热潮。为了持续地巩固"十三五"，延伸推进"十四五"战略规划，推进产业集聚区的建设与发展，加快投资建设集"织—染—整—服"于一身的全纺织产业链项目，中泰纺织集团延伸产业链、提升价值链、打通供应链，加快发展差别化纤维，投资建设针织、成衣等项目，充分发挥龙头企业的核心竞争优势，努力把新疆纺织产业推向一个新高度。

（二）中泰纺织集团的企业文化

中泰纺织集团的企业文化如下：

使命：以匠心定义品质，用经典诠释品牌。

发展理念：中正太和，厚积薄发。

价值观：以人为本，同创共享。

企业愿景：创建一流企业、成就积极人生。

企业使命与理念：竭尽全力地满足客户品质、交期、服务需求，为客户创造价值！

基础价值观：尊重他人、心怀感恩、诚信正直，为生活而工作！

经营策略：品质品牌、技术领先、高效运营，打造核心竞争力！

管理理念：标准化、数据化、点滴改善、永不停步！

质量方针：品质第一、准时交付，让客户更满意！

团队精神：精诚协作、一个中泰。

个人行为观：积极主动、结果导向。

领导行为观：心胸开阔、以身作则。

（三）中泰纺织集团的荣誉

中泰纺织集团通过全国 ISO9001 质量管理体系、ISO14001 环境管理体系、OHSAS18001 职业健康安全三大国际管理体系认证审核；通过 STANDARD 100 by OEKO-TEX® 认证，通过自治区第一轮清洁生产审核；通过 FSC 森林管理体系、森林认证 CFCC 两大认证，于 2018 年加入再生纤维素纤维行业绿色发展联盟。中泰纺织集团先后获得"国家纤维素纤维及纺织品研发与生产示范基地""全国化纤行业优秀品牌贡献奖""中国化学纤维工业协会·绿宇基金""绿色贡献度铜钥匙奖""全国五一劳动奖状""自治区绿色工厂""自治区就业先进企业""自治区优强企业""自治区农业产业化重点龙头企业""财政纳税突出贡献奖"等诸多荣誉称号。

三、行业背景介绍

(一) 中国纺织行业人力资源概况和特点

由于纺织企业大多数处于比较偏远的郊区或者农村地区，工作场所粉尘多、噪声大、危险性高、劳动强度大等问题较多，因此纺织行业人才存在以下特点：

1. 高级技能人员短缺

我国的纺织品服装生产和出口均排世界首位，纺织品服装生产离不开一线技术工人。然而，当前我国纺织行业高级技能人才被企业认为是稀缺资源，无法全面满足生产需求。尤其是一线优秀技术工人的短缺，严重影响企业的生产效率与产品质量，它不仅束缚了企业生产力提升，而且限制了行业发展速度，更制约了我国向高端制造业国家的转型升级。

业内专家表示，行业技能人才一直处于短缺状态，尤其是一线技术工人。多年来，很多企业存在技术工人难招、难留的问题，"技工荒"已成为行业、企业多年来的心病。正行进在强国建设道路上的纺织大国，呼唤大量高素质的技术工人。如何培养、留住一线技术工人是行业内当前亟待解决的问题。

2. 员工流动频繁

纺织企业招聘大批纺织工人进行培养后，却没有几个工人能长期留在企业，这种现象十分普遍。在不容乐观且持续的市场经济背景下，一线技术工人流动性大、技工荒的现状困扰着企业，技能人才作为行业稀有资源受到企业的高度重视。

虽然大部分企业都采取了提高福利待遇、解决住房等一系列拴心留人的对策，但是纺织行业的员工流动还是比较频繁，尤其是新入职的员工。

3. 人才结构不合理

在人才结构方面，存在男女比例失调的问题，男女比例大概为 3∶2；在学历结构方面，纺织企业的员工大部分为大中专毕业生，或者更低的学历。

(二) 中泰纺织集团的人力资源特点

中泰纺织集团近几年的人数一直保持在 9700 人左右，在公司创立的头两年，员工流失率达到 33%，一年走 800 人左右，作为化工企业，人员不稳定，安全就没办法保证。

2019 年的上半年，冯文军经过分析总结，发现应届毕业生离职存在三个月怪圈和一年怪圈。大部分员工为独生子女，企业要求刚毕业的学生进行倒班，倒班几个月生物钟都乱了，吃不了苦，心理上不平衡，给爸爸妈妈诉苦，回家重新找工作。10个员工中，3个月走了4~5个，一年走了7~8个，最后能留下2个就很不错了。

为此，中泰纺织集团在人才结构方面进行了调整，调整后，员工的学历基本在大专以上，男女比例达到了均衡，形成了学历比较高且性别比例均衡的员工队伍。

四、中泰纺织集团"学习型组织"的构建模式

中泰纺织集团的发展战略和生产性质都要求公司必须有完善的培训学习体系，营造时时处处学习的氛围，从而构建学习型组织。

冯文军在做主题为《守住初心增动力、担当使命抓落实、稳步推进中泰纺织集团人员素质、现场管理、产品质量同步提升》的专题党课时说："有人就有未来，有人才就有希望。各族党员干部要敞开胸怀接纳各方面的优秀人才，以热情的态度、包容的胸怀、如饥似渴的求知欲引进吸纳优秀人才；要通过'请进来、送出去'相结合的方式培养技能、素质双提升的高端人才，教育引导各族员工用奋斗创造良好效益和美好生活，形成'一家人、一条心、一个目标、一股劲'的命运共同体，为公司聚智聚才，创新创业，为更加美好的未来努力奋斗。"

（一）取百家之长——好教材造就好团队

2016年5月，中泰纺织集团从民营企业混合经济转为全资国有企业，完成了跨界重组，有60多位员工从氯碱板块"改行"来到纺织板块，他们对纺织板块的生产过程并不是很了解，需要对相关的业务进行培训。冯文军也坦言，过去自己在氯碱板块干了十几年，现在"改行"到纺织板块，要学习的东西还有很多，和他一起来的60多位员工面临同样的问题——怎样快速适应新的岗位？不懂就要学。可是当谈到培训学习的时候，冯文军的眉头紧皱："拿什么来培训？过去一个民营企业，一个车间也就两张纸的操作说明，这两张纸能用来培养人吗？"用什么资料来对员工进行培训？这是冯文军面临的第一个难题，经过一番思考之后，他决定企业内部自编教材，由各车间主任负责编写，严格按照国内行业的标准操作法、工艺路线、国家职业技能鉴定的标准模板编写教材，按字给钱，取百家之长。在编写教材的过程中，因为每个车间主任的想法都不一样，冯文军只是从公司的层面制定教材编写方案，却不干涉具体的编写过程，就是为了最大限度地发挥各车间主任的聪明才智，编写适合各车间的教材，从源头上解决培训的难题。

（二）培训促成长，润物细无声

1. 分层次差异化培训体系

为了配合公司发展战略和规划，合理有效地配置人才资源，公司树立"培训就是投资"的管理理念，在人才培养机制方面积极创新。公司中每一个层面、每一个车间、每一个人的文化层次和要求都不一样，怎样做到因材施教、按需低成本且高效率培训？这是冯文军面临的第二个难题。为此，他亲自调研、苦思冥想，经过一段时间的探索和实践，建立了分层次差异化的员工培训体系，针对不同层次、不同车间的员工进行定期的专项培训。近年来，中泰纺织制定了员工培训管理方案和培训积分制管理方案，按照分层级差异化终身培养、培养计划完成率与绩效奖励相结合的原则，根据干部职工的岗位层级、发展需求，紧密围绕公司的生产经营目标，制定差异化的培养计划和学习任务，全面提升员工技能。

（1）中高层大讲堂

2020年11月16日，中泰纺织集团会议室的窗外大雪纷飞，冷冷清清，而窗内所有中高层管理人员齐聚一堂，大家畅所欲言、各抒己见，为公司未来的发展出谋划策。原来中泰纺织集团首期中高层大讲堂今天开讲，冯文军亲自主持，各子公司中高层干部共108人参加。

中高层大讲堂要求公司所有中高层领导干部都来听课，冯文军带头讲课并亲自主持，各车间主任就生产经营、人员管理、工艺设备等方面存在的问题、解决方法和一些好的经验，做成PPT进行分享讲解，然后冯文军亲自进行点评。经过两年的培训学习，不光是中高层干部的管理能力和业务水平有了大幅度提升，更令冯文军没有想到的是，中高层干部的思想有了高度的统一，他们开始意识到培训学习的重要性，自觉主动地学习和分享，同时督促车间内部员工学习，企业上下形成了浓厚的学习氛围，为建立学习型组织打下了坚实的基础。

开讲前，冯文军总结了2020年中泰纺织集团发展经营情况。培训中，巴州金富党委书记、总经理吕波，富丽震纶总经理黄建香和中泰纺织集团创新研发中心副主任王琦分别对巴州金富2020年提质增效工作、如何提升管理水平、2019年至2020年黏胶纤维的质量情况进行了授课。

随后，冯文军带领党员干部学习了习近平总书记关于《中共中央关于制定国民经济和社会发展第十四个五年规划和二〇三五年远景目标的建议》的说明，冯文军说："十四五规划具有新时代特征和继往开来的里程碑意义，是深入贯彻习近平新时代中国特色社会主义思想的五年规划。中泰纺织集团要按照中泰集团党委工作要求，提高政治站位，统一思想，凝聚共识，紧跟新时代国企发展的步伐，牢牢抓住新时期发展机遇，外拓市场、内强管理，加快推动企业发展壮大，为更好地服务新疆经济社会发展做出积极贡献。"

最后冯文军强调说："开展'中泰纺织集团中高层大讲堂'是促进企业高质量发展的有效途径，各级领导干部要加强理论知识学习和业务能力提升，不断学习充电，苦练内功，把所学知识与实际工作相结合，进一步提升管理能力与水平。'他山之石可以攻玉'，中泰纺织集团要持续推进中高层大讲堂培训，打造多样化的培训平台，不断地提升自身管理水平，以更广的视野、更高的定位来谋划发展新思路、新举措，真正把学习成果转变为卓越的领导力、高效的执行力和创新力，为实现中泰集团高质量发展做出更大的贡献。"

（2）员工层面的夜校专项培训

2020年12月15日下班后，夜色已经降临，结束了一天紧张而忙碌的工作后，政工员小王匆匆来到会议室参加夜校培训，原来今天是星期二，是公司铁打不动的党建、纪检、班建专项培训的日子。小王是2020年才毕业的学生，每周二的培训是他学习专业知识的很宝贵的机会。自2016年3月份开始，为了更好地进行培训，公司把三班三运转改成四班三运转，休息的时间用于培训。为了提升员工的专业知识和技能，公司利用周一到周四下班以后的一个小时，分别从党建、纪检、班建，安全，工艺技术和设备四方面进行专项培训。

①党建、纪检、班建专项培训。安排在每周一进行培训，为进一步加强中泰纺织集团党建、纪检、班建工作，引导广大专兼职党建、纪检、工会、团青工作者等政工人员夯实理论根基，更好地服务、指导和监督一线车间落实好党的建设各项工作，在安全、生产技术、设备夜校的基础上，中泰纺织集团自12月起新增设党建、纪检、班建夜校培训班，现在已经形成常态化培训，每周讲授不同内容的课程，利用多样的培训方式，对专业技术人员进行培训。②安全专项培训。安排在每周二进行培训，由安全主任负责，对员工进行安全方面的培训。中泰纺织集团属于生产性的企业，危险性比较高，为了保证安全，必须做好培训，让每个人都清楚怎么做是安全的，遇到突发事

件时应该怎样处理。③工艺技术专项培训。安排在每周三进行培训，由生产部负责，对各车间的生产部门和工艺系列的员工开展工艺技术专项培训。④设备专项培训。安排在每周四进行培训，由主管设备的主任负责，对企业内部所有设备操作人员进行培训，提高员工使用设备的熟练程度。

这次的培训由中泰纺织集团党委副书记成勇进行《严守六大纪律 全面从严治党》专题辅导。培训从中国特色社会主义进入新时代、习近平新时代中国特色社会主义思想的主要内容及其历史地位等方面展开，使学员对习近平新时代中国特色社会主义思想有了更深的理解，进一步提高了与会人员的政治理论水平。

随后，冯文军说："作为车间政工工作人员，要不断地挖掘员工的潜力，掌握每名员工的情况，依靠党支部、党小组，充分发挥共产党员的先锋模范带头作用，将广大员工组织起来，把积极性调动起来、创造性发挥出来，营造催人奋进的文化氛围；要落实从优政策，积极协调解决员工在工作、生活和家庭中存在的实际困难，解决员工的后顾之忧，营造拴心留人的良好环境。"

2. 合岗培训——优化人员结构

公司在跨界重组之后，怎样在人力资源方面保证生产的平稳性，不会有大的波动，一方面是质量方面有保证，另一方面是压缩成本，提高企业的盈利能力，这是冯文军面临的第三个难题。为此，他带领干部职工反复调研和讨论，提出了合岗培训的制度。

合岗培训就是如果员工要干 A 岗位，就先得到相邻的 B 岗位工作一段时间，这就意味着 A、B 岗位要求的知识和技能他都得掌握。一个人干两个岗位的工作，学两个岗位所要求的知识，相邻的岗位推一个合岗培训。合岗培训的目的，就是为了检测员工对于综合专业知识和技能的掌握情况。可以优化人员结构，一个员工有事的情况下，相邻岗位的员工也可以及时顶上，从而保证公司业务的正常进行。

2016 年，中泰纺织集团投入 8 个亿，7 个环保项目，按照往常应该增加 260 人，30 万吨产能变成了 40 万吨，增加了 10 万吨产能，按理说也要增加员工，但是实际上员工的人数和 5 年前基本上是一样的，保持在 1900 人左右。增加了环保项目、自动化设备，员工人数虽然保持没变，但是人才结构发生了很大的变化，员工的学历结构、户籍结构、男女结构、民族结构、年龄结构等方面已经和 5 年前完全不一样了，人才结构优化之后，形成了一支有学历、男女构成比例均衡，年龄结构合理的员工队伍。

3. 订单培训——完善人员梯队建设

2020年7月3日，中泰纺织集团新疆富丽震纶棉纺有限公司环锭纺后纺车间主任魏芳红正在哼着小歌曲收拾东西，脸上藏着掩饰不住的微笑，原来她明天要去内地纺织企业学习，这是她提升专业知识和技能难得的机会，公司能够做出这样的决定，让她着实感到意外和高兴。

1989年，20岁的魏芳红在巴州一家国有纺织厂当工人。然而，到2004年，企业破产，她下岗了。"不愿意出门，每天在家里哭"，魏芳红回忆说。后来，她到一家民营企业工作了几年，这家企业也破产了。再后来，她来到新疆富丽震纶棉纺有限公司工作。虽然一直在纺织企业工作，但新企业新岗位要求更高了——设备是以前根本没有见过的先进设备，管理也和以前大不相同。魏芳红和同事们被送到内地纺织企业去学习。对她们来说，这是一次脱胎换骨的机遇。

近年来，中泰纺织集团和中国石油大学及当地职业院校巴音学院、红旗技校等建立合作关系，采用订单式的人才培养模式进行培训，公司派专业的人员参与当地学校的教材编写和授课，接收职业院校安排学生到车间来实习，等学生毕业了，如果双方都愿意，就可以直接到车间工作。冯文军说："这样培训的员工，拿来就可以用，都没有必要建立家长微信群，流失率也大大降低了。"

"百年老店，就地取材。"中泰纺织集团一方面和青岛大学建立合作关系，实行"东部研发，西部生产"，结合企业的发展战略，把东部有实力的企业带来的资金、技术、市场优势，内部的原料、能源、政府政策红利优势，东部来的核心骨干、工艺、生产、技术结合起来，解决新疆用工的问题。另一方面，实行"请进来，送出去"人才培养模式，培养骨干员工，邀请专家进企业讲课，或者送员工出去培训。

4. 中泰大学的培训——后备人才的储备与培养

中泰纺织集团发展的速度比较快，怎样结合公司的发展战略要求，做好人才储备和培养工作，这是冯文军面临的第四个难题。

2020年10月11日上午，中泰纺织集团及下属子公司第一期年轻干部培训班在青湖御园泰和楼开班。中泰纺织集团人力资源部副部长、中泰党校、中泰大学校长赵伟玲做开班动员讲话，人力资源部副高工谭星军主持开班仪式。生产车间2012年入职的85后员工小张参加了此次培训，她的心里既高兴又紧张，高兴的是她可以学到一些管理知识和技能，紧张的是和她一起参加培训的都是各个车间的高手。

此次培训由中泰大学管理学院主办，为期5天，共举办两期，培训对象主要为中泰集团后备人才库优秀后备干部及机关部室、各园区推荐的优秀中层管理人员。培训课程设置紧密结合中泰集团发展实际，围绕企业发展战略等方面有针对性地开展教学，帮助学员全方位深入了解中泰集团发展形势，运用所学理论思考分析具体工作问题，切实提高解决问题的能力。

本次培训班是按照自治区党委组织部《干部教育培训实施办法》要求，旨在深入贯彻中泰集团"人才强企"战略，加强年轻干部的思想政治建设和能力的提升，提高年轻干部的思想素质和业务水平，不断增强企业核心竞争力，系统性培养一批有企业使命感、有战略思维、有创新能力和有国际视野的年轻干部，为中泰集团高质量发展储备合格、过硬的后备管理人才。

赵伟玲说："分期分批对年轻干部进行培训是贯彻落实中泰集团'人才强企'战略的重要举措，其目的是进一步促进中泰集团年轻后备干部强化党性修养、开阔思维视野、提升综合素质、加快成长步伐。全体学员要珍惜机会，把握重点，努力做到学有所获，不断提高个人综合素质；要加强管理，严肃纪律，切实保证学习培训效果；要以良好的精神状态努力学习，展示年轻干部奋发有为、团结奋进的风采，努力把自己锤炼成为朝气蓬勃、敢于担当的中泰集团新一代中坚力量。"

生产车间小王在发言时说："感谢公司为我们提供这次学习的机会。今后我将让学习真正成为一种习惯，并在行动上学以致用，将培训所学的知识和实际工作有效结合，提高工作综合能力，努力依靠学习成就自我。"

为了做好人才储备工作，中泰纺织集团按照以下选拔条件：①大专以上学历；②在中泰纺织集团工作满8年，对中泰文化认可；③有班长或技术员岗位工作经历。通过以上3个条件，选拔167个80后到85后员工，通过培训，员工之间的关系变成"血缘关系"来一块儿干事，为"十四五"做好人才储备。目前，中层干部中，80后到85后阶段的员工已经达到了80%，截至2019年上半年，顺利完成了在岗的新老员工接班工作，为后续的发展奠定了坚实的基础。到2020年12月，已经有4名80后到85后中层干部经过考核提拔任副总职务，走到领导班子岗位上，为公司的发展出谋划策，贡献自己的一份力量。

5. 强化技能培训——打通人才晋升通道

中泰纺织集团以"人才强企"战略目标为导向,以"全面提升年"为工作主线,强化技能培训,打通人才晋升通道。着力培养一批具有创新和实践能力的管理人才、专业技术人才和技能操作人才,建设一支与企业高质量发展相适应的高素质干部职工队伍。

一提起技能培训工作,中泰纺织集团原液一车间主任助理吴喜说:"刚开始,大家都认为这是不务正业,比较抵触,员工意见很大。刚来的时候,员工的队伍是比较薄弱的,自己当班组长的时候也是感觉自身的能力不足,能力不足只有学习,没有其他途径,慢慢地经过培训以后,对岗位的知识、管理的技能等方面有一定的提升。"

随着培训次数的增加,员工的技能不断提升,各方面的素质也在逐步提高,大家对培训工作的态度也得到了彻底的转变,培训工作的开展逐渐正常化、规范化。

吴喜说:"整体来说变化是比较大,在我们车间,大家都是积极主动地报名参加培训,学习岗位的知识。"目前,公司不断地制订完善人才培养计划及管理办法,结合企业实际,以"内培+外培"的模式,切实提高员工技能水平,同时制定了培训激励措施,员工通过职业技能鉴定获取相应职称后,可直接享受相应补贴和奖励。

吴喜说:"中泰给员工发的福利,其实最大的福利就是培训。首先是对于学历的提升,自己从大专到本科,再到研究生,学无止境,另外管理技能上也有一些短板,想通过各种学习,提高自己的管理能力。"

目前,公司把培训工作开展情况已纳入员工年终考评和薪酬晋升工作当中,只要员工达到相应的条件,并通过了公司的考核,就能得到晋升。阿拉尔人事企管处副处长宋杰说:"通过这种方式提高了员工学习的积极性,打通了各个序列的晋升通道,让每一个人看到了希望和目标,长期在这里工作,提高员工的稳定性。"

6. 建立培训矩阵 助力企业发展——开启内训新模式

中泰纺织集团库尔勒纤维公司人事企管处结合培训工作的要求,全力强化公司各部门领导培训直线责任制的落实,按照"谁主管、谁负责"的原则,建立一级培训一级、一级考核一级、一级对一级负责的培训矩阵,全面推广以培训矩阵为基础的基层岗位培训管理模式,积极推进培训工作的规范化、方式多样化、管理信息化、方法现代化和监督日常化,努力实施全覆盖、多手段、高质量的培训。

公司培训专工崔晓玲说:"公司结合发展需要,本着'干什么、学什么、缺什么、补什么'的理念培养适应公司发展的人才队伍。"

这次培训有了技能大师工作室的加入,有助于弘扬工匠精神,发挥好技能领军人才在技能传承、攻关、推广等方面的作用,推进传统技艺水平的不断提升。技能大师工作室整合了高技能人才培养资源,拓宽了高技能人才成才之路,提高了高技能人才培养的能力和效率,有助于形成"名师引领,传承技艺"的培养模式,为青年技能人才的成长提供了一片沃土。

"有了技能大师工作室加入这个学习和交流的平台,我们就有了一个提升技能的机会,也多了一条技术进步渠道",中泰纺织集团技能大师工作室的主办人侯文明说。侯文明过去在企业是电工,现在已成长为工程师。2020年,他刚刚完成了制酸车间控制系统的自动化改造项目,改变了过去传统的旋钮式控制方式,实现了自动化操作。

(三)以考促学,学以致用

2020年7月27日,中泰纺织集团维修车间会议室里,一场别开生面的无纸化考试正在有序地进行,考试利用线上平台和微信端小程序,实现数据库随机抽取试题。

为了检测培训工作的成效,中泰纺织采取每月考试的方式,促进员工对专业知识和技能的学习,逐渐形成一支年轻的、有学历的、学习能力强的干部队伍。到现在,所有的考试都实现了智能化,提交之后成绩就出来了,避免了作弊情况的发生,并且考核结果直接和当月的工资挂钩。冯文军说:"提升企业管理并非朝夕之功,要把学到的先进管理经验运用到实际工作中,力争企业管理水平再上新台阶。"

新冠疫情暴发以来,中泰纺织集团科学统筹,一手抓疫情防控,一手抓安全生产,充分运用微信视频、钉钉等新媒体平台,加强疫情防控知识宣传,加大员工学习培训力度,奋力夺取疫情防控和安全生产双胜利。采取自主学习、网络打卡、答题测试等方式,组织员工通过线上对《卫生交接管理办法》等内容进行学习,并由党员领导干部督查学员学习完成情况,确保人员参与全覆盖。

五、尾声

中泰纺织集团通过编写教材、完善培训体系、定期考试等方式,建立了学习型组织。通过编写教材从源头上解决了培训缺资料的问题，培训工作是"打基础，利长远"的关键工作，是提升干部职工综合素质的有效抓手，是企业转型发展的助推器。结合公司的发展战略和规划，中泰纺织集团合理有效配置人才资源，公司人力资源中心树立"培训也是投资"的管理理念，建立与员工岗位要求和能力相匹配的培训体系，为员工提供及时有效的能力成长支持。通过每月考试的方式检验培训成效。中泰纺织集团稳固的培训体系，完善的培训制度，夯实培训管理基础，公司上下形成非常浓厚的学习氛围，为中泰纺织板块储备人才队伍，助力中泰纺织集团产业链发展。

（注：本案例由新疆科技学院徐蔼积撰写，作者拥有著作权，未经授权不得转载、改编、摘编等。）

思考题：

1. 结合案例说明什么是"学习型组织"以及"学习型组织"具备哪些特征？

2. 您对中高层大讲堂、职业夜校有什么看法？中高层大讲堂、职业夜校发挥着什么作用？

3. 结合案例说明，中泰纺织集团采取了哪些培训类型？

4. 作为企业的一把手，在带领企业发展过程中，在人员管理方面，冯文军遇到了哪些困境，他是如何解决这些困难的？

参考资料：

本案例资料由新疆中泰纺织集团有限公司提供。

案例三　格力的自主创新之路

摘要： 经过二十多年的发展，珠海格力电器股份有限公司（下文简称"格力"）从一个小厂成了多元化的国际工业集团。这些年来，格力坚持与时俱进，不断地挑战自己，勇于探索和注入新的理念坚持创新，立志把"中国制造"改写成"中国创造"。从跟随到创造再到引领，格力紧紧围绕改变人们生活的研发方向，创造了无数个别人所没有的技术。

关键词：格力；制造；自主创新

一、引言

董明珠说："中国制造要走向世界，核心问题就是创新能力。中国制造业在转型时期，最重要的就是创新，只有通过不断的创新，才能够改变我们传统的生产模式。企业不能逐利而行，一个成功的企业最大的对手是自己！"

总部位于广东珠海的格力，成立于 1991 年，1996 年 11 月在深圳证券交易所挂牌上市。格力最初只是一个组装家用空调的工厂，没有自己的装备和技术，如今格力发展成极具代表的制造巨头公司。格力是一家集研发、生产、销售、服务于一身的国际化家电企业，拥有格力、LANDA、凯邦电机、TOSOT、晶弘、新元电子等子品牌，主要经营家用空调、中央空调、冰箱等产品。格力愿意为更多人去付出，愿意去为别人奉献。格力的经营理念是："一个没有创新的企业是没有灵魂的企业；一个没有核心技术的企业是没有脊梁的企业；一个没有精品的企业是没有未来的企业。"格力的服务理念是"您的每一件小事都是格力的大事！"

格力在 2021 年前三季度实现营业总收入 1395.49 亿元，同比增长 9.48%；利润总额 184.87 亿元，同比增长 12.43%；实现归属上市公司股东的净利润 156.45 亿元，同比增长 14.21%。格力电器的发展历程如表 5-2 所示：

表 5-2 格力的发展历程表

重要标志	简介
成立	1991 年，珠海格力电器股份有限公司成立
董明珠出现	1992 年，董明珠一个人在安徽市场创造了 1600 万元的销售神话；1994 年，董明珠被召回格力总部担任经营部部长
中国空调市场销售冠军	1995 年开始，格力的空调产销量跃居全国第一
深交所上市	1996 年 11 月，格力登陆深交所成功上市
格力多联机	2003 年，格力的技术团队日复一日攻克技术难关后，研发出了第一台多联机。同年，格力成为国内规模领先的家用中央空调生产厂商

续表

重要标志	简介
离心式冷水机组	2005年，格力先后推出首台拥有自主知识产权的大型中央空调——离心式冷水机组、首台超低温热泵数码多联机组，再次实现技术突破
继续领跑市场	2005年，格力家用空调的产销量突破1000万台
加大空调领域的话语权	2011年，格力自主研发出了首台大功率高效直驱离心机组，抢占了全球制冷技术的制高点。此外，格力磁悬浮变频离心式制冷压缩机及冷水机组的诞生，让格力在中央空调领域的话语权进一步加大
千亿家电上市企业	格力发布2012年年报。2012年，格力实现营业总收入1001.10亿元，同比增长19.87%；净利润73.8亿元，同比增长40.92%，成为中国首家突破千亿的家电上市企业
美加空调国家标准制定者	2017年11月，格力成为美国和加拿大空调国家标准（CAN/CSA C22.2 No.60335-2-40：2017版标准）制定者，这是中国企业的第一次
中国质量奖	2018年，公司荣获第三届"中国质量奖"
格力标准成为国家标准	2019年，格力参与起草的《质量管理 基于顾客需求引领的创新循环指南》获批成为国家标准
开启多元化渠道	2019年年底，格力开展了新一轮的销售渠道变革，格力的业务已从四大板块重构为消费领域和工业领域两大板块，进一步突出智能家居和高端装备的引领地位
国内市场十连冠	2020年，格力家用空调全球市场占有率达20.1%，已连续16年稳定保持全球第一；在国内市场，格力中央空调连续10年占有率全国第一
控股新能源	2021年8月，格力通过司法拍卖方式获得银隆新能源（已更名为格力钛）30.47%的股权，后者成为格力的控股子公司
打造系统化家电	2021年10月，格力对外发布套系化家电，着力场景及套系营销；11月，格力对外透露要推出大松TOSOT G7手机新品
中国专利奖金奖	2022年，二十二届中国专利奖颁奖活动专栏，格力斩获1项金奖

二、从中国制造到中国创造

格力的掌门人董明珠是一个具有智慧、创造力和冒险精神的企业家。董明珠表示:"智能装备制造的发展也要坚持走自主创造的道路。从'中国制造'到'中国创造',这是应对未来国际竞争绕不过去的环节。"董明珠认为中国制造成为低质低价代名词的原因是中国企业没有掌握核心技术,格力的方向是对人类生活质量带来根本性的改变,致力于洗去中国制造低质低价的污名。

在空调发展的历史上,美国和日本一度垄断了大部分的核心技术。2000年,格力在重庆中标"一拖四"空调项目,但是格力自身拥有的技术仅仅是"一拖二",格力因此去日本买产品贴牌、贴钱卖给重庆方。经过这次事件,格力决定要拥有此项技术,但是当时的觉悟还不够高,想通过购买日本公司的技术发展"一拖多"产品,日本企业以此项技术是世界最先进技术为由拒绝卖给格力,这彻底让格力清醒过来并意识到:所谓的引进外资技术都是别人不要的。董明珠也曾表示:"中国要崛起,作为企业家要有社会责任感,不仅仅是为企业赚钱,更应该是为了我们国家在世界上受世人尊重而去做企业。"此事之后,格力高层决定要自己做研发环节,在2003年成立3个研究院后逐渐进入自主研发阶段。

技术受限于人不利于公司的发展,但是研发新技术需要投入大量的时间、人力和财力,然而格力立志打破这种垄断,组建属于自己的科研攻关小组,开始研发创新技术,一步一个脚印地落到实处,逐步拥有了自主知识产权的核心技术。一切的努力没有白费,格力已经实现了从上游压缩机、电机等零部件研发生产到下游废弃产品回收利用的全产业链完全自主掌控,在全球制冷行业有着举足轻重的地位。

放眼世界其他优秀企业发展史,不管环境如何变化,它们都能够保持持续的竞争力,最主要的原因是这些企业能够坚持自主创新。格力的发展其实也算得上是中国企业近年来的典型代表,格力没有被历史的洪流淹没,反而在国内外激烈的竞争中脱颖而出,这与格力坚持自主创新的发展战略密不可分。

从"中国制造"到"中国创造",这是一个漫长而艰辛的路程,"引进来走出去"、坚持专业化道路再进行多元化发展、把国家的标准当成最基本的标准、以顾客的标准为标准……不管怎么变化,有一点是绝对不变的,那就是创新。

三、如何培养自主创新

（一）研发不设上限、按需投入

格力非常注重自主培养人才，这也是格力的远期科技化、现代化的企业战略发展的重要一环。格力已经建设了15个空调生产基地、16个研究院、1045个实验室、6个再生资源基地、1个院士工作站（电机与控制），拥有国家重点实验室、国家工程技术研究中心、国家级工业设计中心、国家认定企业技术中心、机器人工程技术研发中心各1个，同时成为国家通报咨询中心研究评议基地，上万名技术研发人员。为有梦想的年轻人制造发展机会，给研发人员时间、空间、资金，让他们在各自的平台上发挥自己的特长。

格力青年黄志科，短短几年时间内，不仅从一名普通的操作工成长为分厂的设备保全员，还完成了集团首创项目8个，自主设备开发14台。这些都得益于他对每个工序的专注认真，对每台设备都充满好奇、不断探索、精益求精，工作之余主动参加各类技能培训，掌握行业技术发展方向，提高研发和制作技能，还为分厂培养出一批优秀的新设备保全员。在他身上，不懈奋斗的格力精神得以体现。[1]

格力对于创新的不懈追求体现在对人才渴求上，格力大力投入创新研发，对于研发的经费实行按需要投入，不设置上限，为企业的研发创新提供资金保障。格力的坚持和付出也得到了应有的回报，目前累计申请国内专利近93347项；发明专利48702项；累计授权专利54901项，其中发明专利13671项，申请国际专利4390项，其中PCT申请2289项。发明授权连续5年进入全国前几。现拥有34项"国际领先"技术，获得国家科技进步奖2项、国家技术发明奖2项，中国专利金奖2项、中国外观设计金奖3项。

（二）人才培养

格力的飞跃离不开对人才的重视，格力秉持"聚焦公司战略布局，坚持自主培养人才"的理念，为公司的发展培养人才。格力从总部到各个分厂都设有培训中心。培训中心除了对员工进行技能培训外，每年对员工都有精神培训。技术层面的培训有利于员工专业技术能力提升，增强企业核心竞争力；精神层面的培训有利于企业文化建设，增强企业凝聚力、规范员工行为准则，加强对员工的约束，有利于统一思想，有利于员工价值观和行为的统一。

早期的格力被董明珠描述为主要引进别人的技术和设备组装家用空调的"黑灯工厂"。目前格力员工数量已经接近10万，其中，研发人员超过1.5万人，技术人员超过3万人。多达十几个生产基地分布在国内外、消费者遍布全球160多个国家和地区。

2018年11月19日，为给自身高端制造夯实基础，格力和珠海城市职业技术学院联合建设格力明珠产业学院，致力为格力高端制造发展输送全面人才。校企双方共同打造适合制造业发展的专业、共同制订人才培养方案、加强产教融合的师资队伍建设。格力和珠海城市职业技术学院的校企合作深入到全产业链，把理论和实操紧密地结合起来，保证教学和专业人才培养，企业、学校和学生紧紧捆绑在一起都获得相应的利益。

2020年，明珠产业学院的学生屡获佳绩，在省级技能大赛中荣获一等奖2项、二等奖8项、"1+X"职业等级证书通过率达90%。

2020年10月，占地900平方米、投资超千万的格力实操基地建成，实操基地可以培训格力各类空调、小家电等产品的安装维护、检查修理等。

（三）留住人才

每个岗位的员工在格力都备受尊重，岗位之间没有等级差别。过去"农民工"一词代表的是低文化、低素质、低收入群体，格力的很多一线员工都是来自农村的"农民工"。为了不使农村的员工遭受歧视，格力早在1997年就开始杜绝在公司中使用"农民工"这个词。

在格力只要有能力就有晋升的机会。哪怕只是中学学历，只要你想学习、有能力，格力就能把你培养成管理者，给予你尽情发挥自己才能的机会。并且把这类不懈努力、持续进步的员工作为激励其他员工奋斗的榜样，带给其他员工希望的光辉。

2016年，格力宣布安装费在原有的基础上每台（套）增加100元。

2016年和2019年，格力宣布给所有员工加薪。

2017年，格力发通知给员工高温补贴费。格力也曾拿出5000万元奖励科技人员。

2018年，董明珠向格力员工承诺将来给每一位格力员工分一套房。2021年，首批次3700套房分给了优秀员工。

外界一致认为这是格力为了留住员工尤其是技术员工的一种手段，但是格力的解释则是因为员工为格力做出了贡献，付出应该给予回报。

四、创新改变世界

(一) 引入战略投资混合改革

国企通过股份转让这一创新手段完成了混改,格力也加入国企混改行列,引入战略投资提高了公司的绩效。2019年4月9日,格力宣布混改,决定将格力持有格力总股本15%的股票转让出去,正式开启格力的混改。2019年8月12日,广东珠海国资委同意格力混改。2019年9月26日,珠海格臻投资管理合伙企业(有限合伙)成立,这是一家以董明珠为执行事务合伙人的格力管理层注册成立的公司。董明珠个人股权占比95.48%。2019年10月28日,系属高瓴的珠海明骏投资公司成为格力股权受让方。2019年12月2日,格力完成混改。

混改前,格力四大股东分别为珠海格力集团有限公司(股东性质:国有法人,持股比例18.22%)、香港中央结算有限公司(股东性质:境外法人,持股比例11.92%)、河北京海担保投资有限公司(股东性质:境内非国有法人,持股比例8.91%)、中国证券金融股份有限公司(股东性质:国有法人,持股比例2.99%);混改后格力四大股东分别为香港中央结算有限公司(股东性质:境外法人,持股比例15.27%)、珠海明骏投资公司(股东性质:境内非国有法人,持股比例15%)、河北京海担保投资有限公司(股东性质:境内非国有法人,持股比例8.91%)、珠海格力集团有限公司(股东性质:国有法人,持股比例3.22%)。

格力作为中国领先的国有家电企业,引入战略投资者进行混改,无疑是一种探索式创新,可以为其他国有企业混改提供一些经验,比如,格力的管理层在引入战略投资者的同时又成立了投资公司入股格力,既保证了公司管理层的权益,又保证了不同资本的融合,还保证了公司的持续稳定发展。

(二) 品牌更新

截至2020年,格力品牌发展经历了五个阶段。第一阶段,"制冷强大"——"格力电器,创造良机";第二阶段,"质量为王"——"好空调,格力造";第三阶段,"科技领先"——"格力掌握核心科技";第四阶段"责任担当"——"格力让天空更蓝,大地更绿";第五阶段,"服务世界"——"让世界爱上中国造"。每个阶段格力都有新的构想,每个阶段格力都取得了重大突破[2],如图5-2所示。

格力坚信文化培育习惯,习惯对一个企业来说非常重要,诚信包含在创

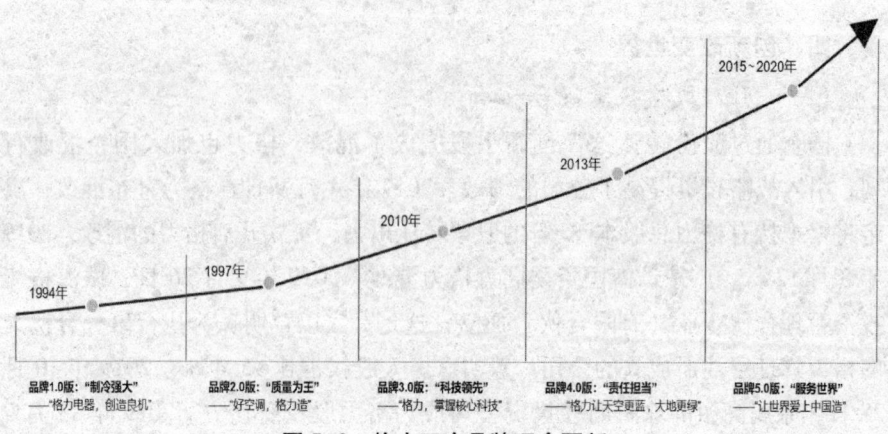

图 5-2 格力五次品牌理念更新

品牌1.0版："制冷强大" ——"格力电器，创造良机"
品牌2.0版："质量为王" ——"好空调，格力造"
品牌3.0版："科技领先" ——"格力，掌握核心科技"
品牌4.0版："责任担当" ——"格力让天空更蓝，大地更绿"
品牌5.0版："服务世界" ——"让世界爱上中国造"

资料来源：格力官网

新里，只有自己创造出来的产品才是最有价值的！格力把改变人们的生活作为研发方向。也正是如此，格力创造了无数个别人没有的！制造业要发展好，更要关注消费者的需求，然而这种需求以破坏环境为代价，以别人的健康为代价，这个技术在格力看来是没有价值的。曾经的格力也是靠买别人的核心技术生产产品，对别人的技术有很强的依赖性。如今格力已然成为全球家用空调的引领者，销量和技术都是全球领先的地位。

2017年第三届中国制造高峰论坛上，格力成立的首支工业机器人乐队公开亮相，工业机器人被赋予了艺术细胞，2019年登上了春节联欢晚会的舞台；2019年5月13日，北京大兴国际机场顺利完成首次试飞吸引了全球目光，而格力自主研发的两项"国际领先"成果也被大兴机场采用。甚至人民大会堂也在使用格力的新产品。正如格力电器董事长董明珠所说："我们牢记自己的使命，坚守自己的信仰，把制造做到极致，相信我们的制造、创造，会让人的生活更加美好。"敢于走前人没有走过的路，把创新发展的主动权掌握在自己的手里，才有全球竞争的底气和能量！

（三）企业和企业家的责任

格力正在逐渐引领消费，希望制造出消费者想要的，或者是消费者现阶段得不到的，市场上又没有的产品和服务。

由于自然环境的恶化，越来越多的城市出现空气质量下降的情况。身居格力高层的董明珠则认为生产空气净化器虽然可以为格力带来可观的收入，但实际上净化器是治标不治本的做法,她认为一个企业的产品以别人的健康为代价、以环境为代价,那么这个产品就是没有价值的。因为没有一个正常人可以一直待在一个有净化器的空间,净化器并没有解决空气质量下降的问题,格力明白自己应该做什么,格力有承担社会责任的使命。因此,格力在世界上率先推出光伏空调,达到了天然的、自然的新能源循环利用,从而让消费者享受到温度的变化,这就是创新给格力带来的生命力,创新给格力带来了竞争力,创新让格力改变了世界。

(四)格力电器数字转型

数字化转型对格力来讲,是一次以数字化为引擎的全方位的结构升级,涉及组织再造、企业文化升级、人才升级、服务升级。格力作为中国家电行业的领跑者持续稳定的创新输出、直接面对挑战、主动寻求变化,这也是保持竞争力的关键。

数字化和智慧化给家电行业带来了新的机遇,通过技术的革新,格力可以运用大数据轻易掌握顾客的价值,第一时间了解消费者需求,产、销、售后变得更加精准和高效,企业可以全方位地为消费者提供服务,具体情况如表5-3所示:

表5-3 格力数字化创新大事件统计表

重要标志	数字化大事件
完善产业链	2004年,格力收购集团旗下的凌达压缩机、新元电子、格力电工、小家电等子公司,进一步加强和完善了配套的产业链
国家级研究中心	2009年,"国家节能环保制冷设备工程技术研究中心"正式落户格力,这是中国制冷行业第一个,也是唯一的国家级工程技术研究中心
格力商城上线	2014年12月,格力官方电商渠道"格力商城"试运营,网址 http: mall.gree.com
湖北基地	2015年,格力智能装备产业园在湖北武汉蔡甸经济开发区正式开建,该基地主要从事工业机器人、智能自动化设备、高端数控机床、精密模具等产品的研发、生产和销售
长沙基地	2016年,长沙格力生产基地大型中央空调项目开工活动在湖南宁乡举办。长沙格力一期工程总投资20亿元,新建生产线12条,力求成为四位一体的行业内智能化、自动化最高标杆工厂

续表

重要标志	数字化大事件
小家电智能制造区	2018年，由格力牵头组建的广东省局域能源互联网创新中心和由珠海格力智能装备有限公司牵头组建的广东省小家电智能制造区域创新中心获批筹建，以解决局域能源互联网和小家电智能制造行业的共性关键技术，为行业发展起了重要的支撑作用
智能化精益生产	2016年开始，格力通过自主创新，研发控制器智能化生产线，通过对控制器生产全流程进行自动化、数字化、智能化的方案设计、实施、改造，最终实现控制器产品智能化精益生产。2019年，将这套技术先进的智能化生产线率先落地在武汉格力工厂投用。同时还联合高校开展大数据应用和机器自学算法研究，实现使用机器学习代替人工判断的目标，进一步提升了产品质量和生产效率

五、尾声

回顾人类历史的长河，推进人类不断进步的动力就是创新。一个企业、一个民族、一个地区、一个国家要延续自己的生命力，最根本的事情是自主创新。对企业而言，有责任和担当的企业家推动企业创新是保证企业长远发展的基本条件。

格力三十几年的发展历程中，进行持续不断的创新，从利用别人的技术和设备的工厂，到行业的"领头羊"，格力从开始的专注空调的单一工厂到多元化的跨国公司，格力在"变与不变"中寻求平衡，打破常规。未来无法预知，但是格力有董明珠这样的爱国、有魄力、有格局、有智慧、有担当的企业家，也有成千上万的忠于格力的员工，我相信这家中国的民族企业，一定能在充满不确定性的未来中取得更加辉煌的成就。

思考题：

1. 试分析格力创新的动力。
2. 尝试分析格力的创新为什么会成功？

参考资料：

[1] 把制造做到极致的自主创新之路 [EB/OL]. 新华网，2022-05-03.

[2] 格力——让世界爱上中国造 [EB/OL]. 格力官方网站，2022-05-03.

下篇 02
案例使用说明

第一章

管理的决策与计划职能

案例一　相处时难别亦难，秋风送寒杏叶黄
　　　　——华为剥离荣耀的决策

一、教学目的与用途

本案例通过向学生介绍组织管理的决策功能，使学生了解了决策的概念和内涵，掌握了决策的依据、任务和过程。本案例在分析华为所面临的国际、国内以及公司内部环境问题的基础上，做出剥离荣耀这一决策的依据和过程，帮助学生理解组织管理中的决策功能，面对生活中的实际问题如何通过分析内外部环境做出正确的决策，从而培养学生分析问题和解决问题的能力。

二、分析思路

决策是管理的五大职能之一，是计划的前提。本案例以华为公司为背景，描述了其在发展过程中，由于受到美国一波又一波的制裁，面临芯片断供的困境，为了让渠道和供应商能够得以延续，华为公司果断决定剥离荣耀，决定整体出售荣耀业务资产，收购方为深圳市智信新信息技术有限公司。本案例以真实事件为背景，希望学习者能从中提炼出如何分析企业面临的内外部环境，企业如何根据内外部环境的变化做出相应的决策，以及理解决策的概念、原则、任务、影响因素等知识点，达到提高案例学习水平的目的。

三、理论依据与分析

1. 结合材料，分析决策的任务是什么？并说明华为公司面临的内外部环境？

【理论知识】

（1）决策的任务包括调整和优化组织内部的管理体系，让组织灵活适应外部环境的变化。有效的决策系统能帮助管理者预测和确定环境变化，并对由此带来的机会和威胁及时做出反应。

（2）组织的内外部环境要素：环境是由众多因素交错而成的整体，管理学研究中有许多不同的分类方法。这里采用较常见的一种分类，即把环境分成三大层次或三个大类，即一般或宏观环境、具体或微观环境以及组织内部环境。①一般或宏观环境：指任何组织对所有组织均能产生影响的外部环境因素，主要包括政治、社会、经济、技术、自然五方面（PESTE）。②具体或微观环境是对组织的影响更频繁、更直接的外部环境因素；与某一具体的决策活动和处理转换过程直接相关的各种特殊力量；与组织目标的制定与实施直接相关的因素。如顾客、供应商、竞争者、管制机构、战略同盟伙伴。③组织内部环境是对组织影响最频繁、最直接的环境因素，也可以认为组织内部环境因素就是组织的一部分。环境因素包括物质环境和文化环境，物质环境包括人力、财力、物力资源环境，文化环境包括成员行为方式、信仰、价值观、准则等。

【案例分析】

（1）华为在芯片断供的困境下，及时调整和优化企业内部的管理体系，灵活适应外部环境的变化，将其旗下的荣耀品牌剥离出去，以规避美国的制裁，解决上、下游合作伙伴的困难。

（2）首先，华为面临的一般或宏观环境包括2020年新冠疫情影响下的全球经济衰退，美国一波又一波的严厉制裁，在关键核心技术上被"卡脖子"，而国内的芯片生产技术还不是很成熟，所以面临芯片断供的困境。其次，华为面临的具体或微观环境包括分布在全球170个国家的代理商、分销商，因渠道没有水而干枯，会导致几百万人失业；供应商也因为华为不能及时采购，而造成货物积压、销售下滑、拖累股市；同时也面临着国内外如苹果、小米、三星等智能手机供应商的激烈竞争；顾客因买不到手机而另选其他品牌的手机等。最后，华为公司内部环境包括由任总带领的团队能够攻坚克难,未雨绸缪,投入大量的人力、财力、物力来研发芯片。

2. 结合材料,分析决策的影响因素有哪些?并说明华为决定剥离荣耀的决策是否正确?为什么?

【理论知识】

(1) 决策的影响因素:①环境,环境变化往往是导致企业进行变革决策的一个最直接的原因;②组织的历史,决策通常不是在一张白纸上描绘组织的未来蓝图,而是在一定程度上对组织先前的活动进行调整;③决策者的特点,决策者的个人特点对组织未来行动方案的选择有着至关重要的影响;④组织文化,人们对待组织变化或变革的态度,在根本上取决于组织文化的特点,取决于组织文化创造的价值观念和行为准则。

(2) 决策的依据:适量的信息是决策的依据,信息量过大固然有助于决策水平的提高,但对组织而言可能是不经济的,而信息量过少则使管理者无从决策或可能导致决策达不到应有的效果。

【案例分析】

(1) 决策的影响因素包括环境、组织的历史、决策者的特点和组织文化四方面。首先,在环境方面,环境是影响组织决策的一个很重要的因素,华为面临复杂多变的内外部环境,具体参见问题1中的内容,华为在分析国内外形势、自身优势和劣势以及目前面临的机会和威胁的基础上做出了相应的决策;其次,就发展历史而言,相对于苹果、三星等企业,华为的起步比较晚,但是由于华为比较注重研发的投入,凭借产品质优价低的优势,已经处于智能手机行业领先地位,面临着比较激烈的竞争;再次,就华为创始人任总而言,他是一个比较果断、勇于决策、勇于创新的人,在公司面对困境的时候,能够审时度势、综合分析,做出相对比较科学合理的决策;最后,就组织文化方面,华为是一个组织制度完善、上下一心、具有团队合作精神的企业,有助于企业在关键时刻快速地做出相应的决策。

(2) 华为通过充分分析公司面临的组织内外部环境、发展历史、决策者的特点、组织文化等影响因素,在遵循决策原则的基础上,做出剥离荣耀的决策,是比较合理的决策。

3. 有人认为华为剥离荣耀是一种产业链的自救行为,也有人认为是一种战略性的调整,还有人认为是一种无奈之举,对此你怎么看呢?

【理论知识】

(1) 产业链的本质是用于描述一个具有某种内在联系的企业群结构。产业链中大量存在着上下游关系和相互价值的交换，上游环节向下游环节输送产品或服务，下游环节向上游环节反馈信息。

（2）组织的剥离战略属于防御战略中的一种，指企业出售分部、分公司或任一部分，以使企业摆脱那些不营利、需要太多资金或与公司其他活动不相适宜的业务。

【案例分析】

一方面，华为可谓是民族企业的代表之一，面对美国一轮又一轮的制裁和芯片断供的困境，华为智能手机业务进入"无芯可造、无芯可买"的存亡之境，也影响到了产业链上下游企业的正常生产经营，渠道难以延续。另一方面，华为的经营项目比较多，就智能终端这一产品而言，既有高端产品，又有以荣耀为代表的中低端产品，目标市场定位不明确，随着公司的不断发展壮大，很难持续发挥优势。迫于形势及不被困难打倒的现状，在这样的情况下，华为做出剥离荣耀的决策，既是一种产业链的自救、又是一种战略性的调整，同时也是一种无奈之举。

4. 通过此案例，我们可以看出任总身上有哪些特质？

【理论知识】

成功企业家基本的特质：稳健经营、顽强不屈、勇于决策、勇于创新、目标坚定等人格魅力。

【案例分析】

通过此案例，我们可以看出任总是一个有先见之明、有危机意识、有无私奉献精神和博大胸怀的人。在竞争激烈的手机市场上，面对国外的打压和制裁，能够设身处地为供应商、销售商和顾客着想，果断做出剥离荣耀的决策，使渠道得以延续。在剥离荣耀的发布会上，任总说："做华为全球最强的竞争对手，超越华为，甚至可以喊打倒华为，成为你们一个自我激励的口号。未来我们是竞争对手，你们可以拿着'洋枪''洋炮'，我们拿着新的'汉阳造'，新的'大刀''长矛'，谁胜谁负还不一定呢？"我们可以看出任总是一个有博大胸怀的人。在关键时刻，任总能够发挥"领头雁"的作用，带领公司走出困境，保证公司的稳健经营。

四、关键要点

1. 决策的任务：调整和优化组织管理体系，让组织灵活适应外部环境的变化。

2. 组织的内外部环境要素：环境是由众多因素交错而成的整体，管理学研究中有许多不同的分类方法。这里采用的较常见一种分类，即把环境分成三大层次或三个大类，即一般或宏观环境、具体或微观环境以及组织内部环境。

3. 决策的影响因素：环境、组织的历史、决策者的特点、组织文化。

4. 产业链的本质是用于描述一个具有某种内在联系的企业群结构。

5. 组织的剥离战略属于防御战略中的一种，指企业出售分部、分公司或任一部分，以使企业摆脱那些不营利、需要太多资金或与公司其他活动不相适宜的业务。

6. 成功企业家基本的特质：稳健经营、顽强不屈、勇于决策、勇于创新、目标坚定等人格魅力。

五、建议的课堂教学计划

本案例可以作为辅助课堂教学的案例来进行。下面是建议的课堂教学计划，仅供参考。整个案例教学的时间控制在60分钟左右为宜。

1. 课前计划：提供案例正文和思考题，让学生在上课前完成预习和初步思考。

2. 课中计划：简单介绍案例的主要内容，明确本案例教学的目的和要求（10分钟）。

（1）分组讨论（10分钟），按照班级学生人数，将学生分为若干组，每组以4~8人为宜，告知学生发言要求。

（2）小组发言（每组5分钟，控制在30分钟以内），每个小组选一位代表进行发言。

（3）归纳总结（10分钟），通过分析问题和相关理论知识，加深学生对决策的任务、影响因素和原则等知识点的理解和思考。

3. 课后计划：如果有必要，请学生根据课堂上讨论的情况，以作业的形式给出更加具体的分析方案，从而使学生加深对知识点的理解，为后续章节内容的学习打好基础。

案例二　京东方是如何成为面板之王的

一、教学目的与用途

本案例通过向学生介绍京东方在发展过程中，其内外部环境的变化。通过不同时期、不同环境下企业战略的调整，从而使得企业在多重竞争压力中脱颖而出。通过本案例的学习让学生能够根据实际情况分析企业面临的内外部环境，运用具体的分析方法分析企业的竞争情况，提高学生分析问题和解决问题的能力，为企业的发展提供有效的管理方式。

二、分析思路

首先对京东方液晶面板业务经营所处的外部环境因素进行了分析，归纳其中的机遇与挑战；其次对京东方相关内部经营环境进行了深入的分析，归纳其中的优势和劣势；最后充分理解和利用中国目前的良好政策环境、巨大的市场需求环境和快速的技术变更与行业发展机会，迅速完成产能和产品线的布局，使整体实力达到国际一流水平。

三、理论依据与分析

1. 结合材料，分析并说明京东方公司所面临的外部环境？

【理论知识】

决策的过程要进行企业内外部环境的分析以及科学的决策步骤。环境是由众多因素交错而形成的整体，管理学中对环境的分类方法有很多，常见的分类方法将环境分为宏观环境和微观环境，在企业做决策时首先要考虑宏观环境，宏观环境包括了营商空间的政治、法律、经济、文化、技术以及自然条件等因素。在做企业内部改革方面主要考量微观环境，微观环境主要包括竞争者、消费者以及企业本身的影响因素。

【案例分析】

国家的法律法规、产业政策、税收政策等与行业的发展息息相关，必然会影响到企业战略的制定。一般而言，如果政策环境有利于企业所在行业的发展，企业会得到来自政府方面的支持，就会比较容易获得成功；相反，如果国家政策限制企业所在行业的发展，企业获取各方面资源的能力就会受到限制，自身的发展也会受到影响。对于液晶面板行业的政策分析，主要有国家对液晶面板行业发展的投资政策和关税保护政策等。在面对外部企业的价格战的时候，国家对京东方进行了大规模的注资，使京东方在成本控制处于劣势地位的情况下化解了生存危机。

京东方在长期发展中面临的技术环境是极为恶劣的，京东方在起步阶段就与韩国、日本等国家和地区存在技术上的代差，追赶这方面的差距本身就存在困难。此外日韩等企业在面对新诞生的京东方时，意欲把京东方扼杀在摇篮之中。市场上的恶性竞争，技术上的严苛封锁成了京东方突破技术壁垒的严重障碍，甚至对京东方的生存也造成了威胁。京东方发展到今天，三星成了其最大的竞争对手，目前京东方与三星在面板制造技术方面差距已经逐渐缩小，但是面对三星这样在技术方面强有力的竞争对手，京东方仍然坚持高成本的技术投入，不断进行研发，以保持其技术上的领先性。

在政治方面，中国的高科技企业时常会受到国外的打压，京东方作为产业链上游企业，当前受到打压的可能性较小，目前该领域实力较强的企业主要分布在东亚国家及地区，对中国企业产生的政治方面的压力较小。

2. 运用具体环境分析方法分析该行业中现有企业的竞争情况。

【理论知识】

五力分析模型是 Michael Porter 于 20 世纪 80 年代初提出，对企业战略制定产生全球性的深远影响。主要用于企业竞争战略的分析，可以有效地分析客户的竞争环境。五力分别是：供应商的讨价还价能力、购买者的讨价还价能力、潜在竞争者进入的能力、替代品的替代能力、行业内现有竞争者的竞争能力。

【案例分析】

（1）行业中现有企业的竞争

近年来，全球液晶面板市场格局发生了很大的变化。原本独占鳌头的日本厂商，大多已经退出了面板生产行业。在用于电视的大型面板领域，只剩下了夏普和松下这两家公司。夏普准备通过与中国大型厂商之间的合作，在未来价格竞争更加激烈的液晶面板市场上寻找出路。

（2）潜在进入者的威胁

面板制造产业由于巨额的综合投资成本，所以进入壁垒很高，尤其该产业竞争较为激烈，因此企业受到潜在进入者的威胁相对较小。

（3）供应商的讨价还价能力

供应商对液晶面板制造商的议价能力差距比较大，但是从上面提到的数据我们不难发现，某些供应商对于液晶面板制造商的议价能力相对较高，这主要是由于以下几个原因造成的：

①很多供应商是非常明显的知识密集型企业。

②很多供应商属于寡头垄断，产业集中度很高。

③这些产品都对液晶面板的品质产生了极其重要的影响，不论是生产设备还是类似液晶、玻璃、彩色滤光片等材料，对设备精度要求都非常高，任何轻微的变动都会导致液晶面板的显示性能产生巨大的变化，所以这些厂商的议价能力很高。

（4）购买者的讨价还价能力

目前，液晶面板制造商相对于其客户的议价能力依然很高，因而，大部分客户仍然要采取相对友好的态度与面板制造商进行合作，主要原因如下：

①液晶面板品质对客户终端产品品质的影响极大。

②液晶面板在终端产品的成本结构中比重很大，而且这一特点随着液晶面板面积的增加而有所加强。

③产业链的信息不对称，主要技术革新仍然掌握在液晶面板制造商的手中。

（5）替代品的威胁

在显示技术不断完善的今天，作为该领域的佼佼者无论是三星还是京东方都拥有较为全面的显示技术和产品，所以长期以来显示面板方面的替代品并未出现。

四、关键要点

个人决策的过程实质是对环境进行分析并合理利用自己能够利用的资源实现自身价值的过程，环境分析是从自身能够发现机会的角度去分析。对自身的分析关键是要能够找出自己的不足和优点。从这两方面出发就更容易帮助自己做出理性决策。

企业若要在行业中保持竞争力，并得到长足的发展，需要适时地对企业的业务进行精简，将具有技术含量高，可进入性难度大，竞争力强的业务或者产品作为企业重点发展的对象。

进行理性决策的必要性在于决策者本身的决策能力是有限的。在理性决策前要进行环境分析，环境分析选取的角度要能够与个人或者企业做的决策相适应。决策的过程主要有发现问题、拟订各种可行备选方案、对备选方案进行评价与选择、实施和审查方案。

五、建议的课堂教学计划

整个案例的课堂时间控制在 50~60 分钟为宜。

1. 课前计划：提前了解京东方企业的发展历程，并思考科技型企业进行环境分析应该选取的角度。

2. 课中计划：

（1）阅读案例，进行问题思考（2~5 分钟）

（2）分组讨论（10 分钟），告知发言要求

（3）小组发言（每组 5 分钟，控制在 30 分钟以内）

（4）引导全班进一步讨论，并进行归纳总结（10 分钟）

3. 课后计划：通过课堂案例分析让学生总结归纳决策过程中的环境分析的角度和决策过程的步骤，自己查找相关企业案例并对其决策过程进行分析。

案例三 发展自我，兼善天下——福耀集团的目标管理

一、教学目的与用途

本案例引用福耀集团目标管理办法，旨在让学生对目标管理有更深刻的印象，增长学生对目标管理方法的实践运用能力。目标管理是一种管理方法或管理制度，可以鼓励员工积极地参与工作目标的制定，在工作中实行自我控制，自觉完成工作任务。授予学生目标管理的技能，可以提高学生的自我管理能力和学习效率，养成良好的作息规律等。企业管理者在进行目标管理时，往往忽略了调查研究的重要性，只依靠自己的直觉判断来设定目标，通过该案例的学习，可以强化学生对教材中目标管理知识的应用实践能力，同时让学生认识到调查研究的重要性，避免主观臆断。全面分析福耀集团目

管理的改进方法，可使学生对于目标管理的分解与应用的相关知识有更深入、更全面的了解，在今后的学习、工作与生活中，有更强的掌控感。

二、分析思路

该案例通过对福耀集团目标管理流程的解析，结合实践一步步地深入探索了目标管理在实际生产过程中的应用情况，涉及目标管理的特点：第一，实行参与管理；第二，重视工作成果而不是工作行为本身；第三，强调组织成员的自我控制；第四，建立系统的目标体系。涉及目标管理的类型：福耀集团运用全分解式的目标管理，即把目标分解到每一个成员，每一个成员都会根据自身的实际工作情况填写相应的目标管理卡片。涉及目标管理的过程：目标制定（调查研究、目标展开、定责授权）；目标实施（咨询指导、跟踪检查、成果评价）；目标成果评定（评价工作、实施奖惩、总结经验教训）。理论与实践相结合的时候，会出现许多无法预知的问题与考验，该案例可以很好地发现一些类似情况，供学生进行分析与借鉴。在分析该案例时，可结合课本"第五章决策的实施与调整"中的目标管理理论知识，进行充分的分析与讨论。

三、理论依据及分析

1. 我们在研究福耀集团的目标管理过程中，需要注意什么问题？

【理论知识】

目标管理是一种鼓励组织成员积极参加工作目标的制定，并在工作中实行自我控制、自觉完成工作任务的管理方法或管理制度。该理论假设所有下属能够积极参加目标的制定，在实施中能够进行自我控制。目标管理的重点是让组织中的各层管理人员都与下属围绕如何达成工作目标进行充分沟通。

目标管理的特点：实行参与管理；重视工作成果而不是工作行为本身；强调组织成员的自我控制；建立系统的目标体系。

【案例分析】

在目标管理过程中，应注意以下问题：（1）目标管理中的目标应简明扼要，并尽可能量化。目标内容不要太多，要突出重点。案例中的企业将部门目标分为强制性目标（控制在2~4个）和参考目标，便于重点关注主要问题和关键目标，同时不会忽略其余所产生的问题的影响。（2）在目标分解过程中，强调员工的参与和上下级的相互协商，共同制定目标的分解办法，这样可以在目标分解与实施的过程中，大幅度降低员工的不满情绪，提升员工对于完成目标的积极性和主动性，对组织目标的认同感和完成目标后自我实现的满足感。(3) 在计划实施过程中加强员工的自我控制和自我管理，有利于充分调动各部门、各员工的主观能动性和创造性。《工作质量联系单》和《修订目标程序》体系的建立就是为了达到这一目的，使组织目标更加精细化，使员工能够充分地参与进来，在目标的制定与实施环节，员工都可以充分表达自己的意见和建议，也使目标的制定更加完善，目标的实施更加高效，目标成果能够得到每一个参与者的信服。(4) 在绩效评价过程中，要坚持客观、公正、公平，注意评价结果的及时反馈，避免目标评价过程中任人唯亲的现象出现，实事求是的进行目标的考核与评价，充分吸收每一个反馈的精髓，并及时做出相应的调整。

2. 结合材料分析目标管理的优缺点有哪些？

【理论知识】

目标管理的优点：使员工知道他们期望的结果；使员工明白组织的目标；通过使管理人员制定目标及其完成目标的时间帮助计划工作的开展；改善了上下级的沟通；使员工充分了解到他们的工作完成状况，直接关系到组织目标实现；通过注意对具体业绩的评价，使评价过程更加公开与合理。

目标管理的缺点：需要注意目标停滞的危险；容易导致管理者强调短期目标而忽略长期目标的完成；在目标实施过程中，具体环节操作较为困难。

【案例分析】

目标管理的优点：福耀集团的实践案例表明，目标管理能够充分发挥员工的积极性和创造性，挖掘企业的潜力，提高企业的产品质量，使企业取得更好的经济效益。

目标管理的缺点：(1) 目标的制定过程耗时费力，如果协调不好，会影响参与者的积极性和目标管理的效果。(2) 企业员工的素质会影响目标管理的实施。(3) 当上级与下级之间或部门之间发生冲突时，必须有相应的解决方案，来对现行目标及时做出调整，但进入目标的实施阶段，目标的改变非常困难，目标高低与奖惩挂钩，涉及部门与下属的切身利益，所以冲突导致目标停滞，往往需要有一个清晰的调整体制来对目标进行改革，或专门的监督部门来对目标实施过程中的冲突与矛盾进行分析与监管，但这往往需要投入更多的成本。

127

3. 增加和减少员工奖金的发放额是实行奖惩的最佳方法吗？除此之外，你认为还有什么激励和约束措施吗？

【理论知识】

目标管理过程：目标制定与展开（调查研究、目标展开、定责授权）；目标实施（咨询指导、跟踪检查、协调平衡）；成果评价（评价工作、实施奖惩、总结经验教训）。

激励方法分为工作激励、成果激励和综合激励。工作激励包括：工作扩大法、工作丰富法、岗位轮换法。成果激励包括：物质激励、精神激励。综合激励包括：榜样激励、危机激励、培训激励、环境激励。

【案例分析】

在目标的计划期结束时，必须进行目标业绩评估，并根据实际表现对不同的执行者进行奖励和惩罚，以达到激励的目的。福耀集团的做法是根据考核结果，从而增加或减少相关部门的个人奖金发放。应该说，这种做法是一种比较有效的激励措施，因为它是员工收入和绩效之间的良好的结算办法，可以很大程度上激发员工的自主性。但这种方法不一定是最好的方法，因为一方面，奖金基数的确定很可能会出现不合理的现象，因为人为设定规则出现漏洞是无法避免的；另一方面，一些部门或个人的收入将大大减少，这将严重打击他们的积极性。此外，企业除了增加或减少奖金外，还可以采取其他的奖惩或激励措施，如精神激励，即对完成任务较好的部门或个人给予荣誉称号；或给予晋升机会；或提供培训机会等，以上办法需要具体问题具体分析，针对不同部门和员工的具体需要而定。

4. 你认为实行目标管理过程中，培养严肃的管理环境和形成自我管理的机制哪个更重要？

【理论知识】

全分解式目标管理是指把目标分解到每一个成员。半分解式目标管理，是指把目标分解到科室、车间、工段等基层组织，不制定明确的个人目标，以所在基层组织为单位，组织成员有共同目标。

目标管理的特点：实行参与管理；重视工作成果而不是工作行为本身；强调组织成员的自我控制；建立系统的目标体系。

【案例分析】

一个完整而严肃的管理环境是提高企业管理水平的先决条件之一，但并不意味着企业管理水平或绩效会因此必然提高。如果能在严肃管理环境的基础上形成员工的自我管理和自我控制机制，对提高员工的积极性和创造力，挖掘企业的潜力有很大的促进作用，企业绩效也会有明显的提高。所以，两者都很重要，但它们扮演着不同的角色。在基层管理工作没有做好的情况下，加强基础管理工作更为重要；在基础管理工作做好之后，寻求建立员工的自我管理机制，充分发挥员工的积极性和创造性就显得更为重要，据此要具体问题具体分析，根据不同企业的不同主客观条件而决定是侧重于建立严肃的管理环境，还是侧重于建立员工的自我管理机制。

四、关键要点

1. 目标管理过程：包括目标制定与展开、目标实施、成果评价。

2. 目标管理的特点：实行参与管理；重视工作成果而不是工作行为本身；强调组织成员的自我控制；建立系统的目标体系。

3. 目标管理的优点：使员工知道他们期望的结果；使员工清楚地明白组织的目标；通过使管理人员制定目标及其完成目标的时间帮助计划工作的开展；改善了上下级的沟通；使员工了解到他们的工作完成状况，直接关系到组织目标实现；通过注意对具体业绩的评价，使评价过程更加公开与合理。

4. 目标管理的缺点：需要注意目标停滞的危险；容易导致管理者强调短期目标而忽略长期目标的完成；在目标实施过程中，具体操作环节较为困难。

五、建议的课堂教学计划

此案例可以作为一个案例讨论课开展。以下是根据进度表提供的课程时间做出的课程规划建议，仅供参考。

整个案例的上课时间可以限制在90分钟内为宜。

1. 课前计划：提出启发性思考问题，让学生在课前完成阅读和初步思考。

2. 课中计划：小组讨论，小组的演讲，教师总结。

3. 课后计划：让学生以报告的形式写下自己对案例的独特理解，并结合书中的其他章节进一步拓宽案例的学习视角，达到举一反三的效果。

第二章

管理的组织职能

案例一 楼兰网景的组织结构

一、教学目的与用途

1. 教学目的：本案例描述了楼兰网景面临内忧外患的局面，公司负责人田瑞重新思考组织设计，优化组织结构为企业战略更好地服务，有助于学生通过案例教学，深入研究组织结构如何根据企业的发展进行动态调整的问题。

2. 通过本案例的分析与讨论，结合案例让学生理解与掌握：

（1）理解直线制组织结构的特点、优点及缺点。

（2）熟悉组织设计的原则并能灵活运用。

（3）提高学生对于直线职能制组织结构的充分认识，能够结合案例分析直线职能制组织结构的特点、优点及缺点。

二、分析思路

教师在分析的过程中，首先分析楼兰网景的发展历程和田瑞面临的困境，然后引导学生分析目前直线制组织结构的形式及优缺点。因楼兰网景目前面临着一些问题，导致业绩下滑，在这样的情况下，企业对组织结构进行优化变革，熟悉组织设计的原则并能灵活运用，画出优化后的组织结构图。

三、理论依据与分析

1. 结合材料分析楼兰网景之前的组织结构有哪些特点、优点和缺点？

【理论知识】

（1）直线制组织结构的特点：组织中的所有职位都实行自上而下的垂直领导，下级部门负责人及员工只接受一个上级的指挥和命令，各部门负责人对其管理的所有员工负全部责任，组织中无职能部门。

（2）直线制组织结构的优点：①设置简单。②权责关系明确。③有利于组织的有序运行。

（3）直线制组织结构的缺点：①专业化水平低。②缺乏横向沟通。③对管理人员的要求高。

直线制组织结构的适用范围：适用于初创型或生产规模较小、生产技术比较简单的组织。

【案例分析】

（1）楼兰网景目前组织结构的特点由总经理田瑞直接控制各个部门，没有任何中间层的衔接，通过组织结构图可以看出，总经理直接管理三个部门，管理层级较少，管理成本较低。

（2）由于总经理和部门之间是垂直关系，创业前期能够保持特定的纪律和秩序，公司能够有序地运行。

（3）运营部门的负责人李主管及核心员工离职可以看出由于直线制组织实行垂直领导，导致负责人需要承担所有的工作，压力过大，造成人员配备困难，专业化程度较低的情况。

2. 根据所学内容，分析组织结构进行调整时组织设计应遵循哪些原则？楼兰网景的组织结构是否合理？

【理论知识】

组织设计的原则有：

（1）目标一致原则。一是目标的一致性，即组织设计要有明确的、统一的目标，部门、成员的目标需要与组织保持一致；二是统一指挥，即组织需要有明确的指挥链，确保信息的准确传递，明确各级管理人员的责任。

（2）分工与协作原则。一是工作的简单化，组织成员只需要承担单一任务，不必通晓所有工作；二是可以缩短培训的时间，提高员工工作熟练程度。

（3）有效管理幅度原则。由于一个人的知识、经验、时间能力、精力等是有限的。一个管理者直接有效领导与指挥下属的人数也是有限的。管理幅度太小，使管理者无法达到满负荷工作；管理幅度太大，会产生管不过来管不到位的问题。因此,管理幅度应是有效的。

(4) 权责对等原则。管理者在工作中需要有相应的权力,也要承担相应的责任。

(5) 柔性经济原则。一是稳定性与适应性相结合,在维护组织稳定的同时也要保持一定的弹性;二是组织结构设计要合理,避免产生内耗,造成管理成本上升。

【案例分析】

根据案例分析,楼兰网景的组织结构不合理,原因主要有以下两点:

(1) 楼兰网景从最初的5个人到如今的50多人,规模逐渐扩大。由于总经理个人精力、知识、经验、时间等条件的限制,能够有效管理下属员工的数量是有限的,所以组织设计应该遵循有效管理幅度原则。从楼兰网景的组织结构图可以看出,田瑞的管理幅度较大,组织层级较少,下属员工需要一条龙服务所有客户,容易出现核心员工相继离职和人才流失的情况,给企业带来一定损失,影响企业利润的快速增长。

(2) 公司因外部市场的竞争激烈,同类企业如雨后春笋般涌现,又因近两年新冠疫情的影响,公司业绩下滑从而导致利润下滑,公司面临内忧外患的局面。根据组织设计中应遵循柔性经济原则,企业的组织结构需要保持一定的灵活性,楼兰网景应根据内外环境变化对机构和人员做出调整,提高组织管理效率。

3. 请结合所学内容,分析楼兰网景应该如何优化公司内部组织结构?并试着画出优化后的组织结构图。

【理论知识】

直线职能制组织结构的优点:(1) 统一指挥与专业化管理相结合。(2) 能够有效减轻管理者负担。

直线职能制组织结构的缺点:(1) 协调难度加大。(2) 损害下属的自主性。(3) 降低对环境的适应能力。(4) 降低决策效率。(5) 增加管理成本。

【案例分析】

楼兰网景内外交困,但是机会犹存,与巴州官方融媒体、民营自媒体云客等相对发展成熟的公司相比,内部可优化改善的地方、业绩提升的空间还有很多。楼兰网景需要创新战略、渠道、组织构架、人力资源、企业文化等方面的重整,可能会令楼兰网景走出低谷,但这需要企业管理者的决心和勇气去重新整合和调整,例如,取消营销事业部、新洛传媒,增加商业事业部、电商事业部、房产事业部；政务事业部更改为政企事业部。根据案例中，在近期所举行的巴州网络春晚的选拔赛中，运营事业部和电商事业部的重要性逐渐凸显，将巴州在线更名为运营事业部，事业部下设四个中心，分别为运营中心、摄影中心、品牌中心、技术中心。优化后的组织结构图如图2-1所示：

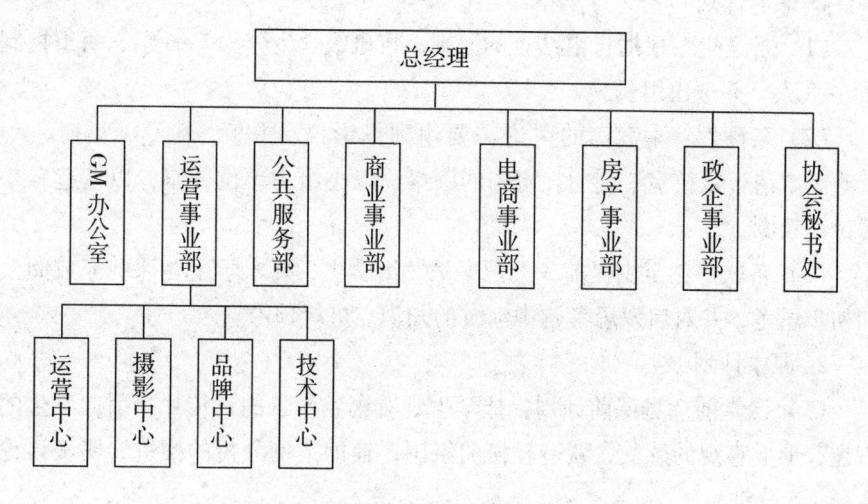

图 2-1　楼兰网景优化后的组织结构图

四、关键要点

1. 直线制组织结构的特点：组织中的所有职位实行自上而下的垂直领导，下级部门负责人及员工只接受一个上级的指挥和命令，各部门负责人对其管理的所有员工负全部责任，组织中无职能部门。直线制组织结构的优点：①设置简单。②权责关系明确。③有利于组织的有序运行。直线制组织结构的缺点：①专业化水平低。②缺乏横向沟通。③对管理人员的要求高。

2. 组织结构设计的原则：①目标一致原则。②分工与协作原则。③有效管理幅度原则。④权责对等原则。⑤柔性经济原则。

3. 直线职能制组织结构的优点：①统一指挥与专业化管理相结合。②有效减轻管理者负担。直线职能制组织结构的缺点：①协调难度加大。②损害下属的自主性。③降低对环境的适应能力。④降低决策效率。⑤增加管理成本。

五、建议的课堂教学计划

在教师进行案例讨论课中,可以作为辅助课堂教学的案例来进行,也可以单独使用。整个案例课程教学的时间可以控制在 55~70 分钟。

1. 课前计划

(1) 备学生:根据自由结合的原则,将班级学生分为 5~6 组,每组控制在 6~8 人,并选出组长。

(2) 备硬件:本案例的讨论需要用到投影仪、黑板、粉笔、桌椅、A4 纸等。申请智慧教室,利用教室中的圆桌,以小组为单位就座,以营造轻松的讨论氛围。

(3) 备软件:至少提前 3 天把案例发给学生,要求学生在课前完成阅读和初步思考,并对启发思考题中涉及的知识点进行预习。

2. 课中计划

(1) 课堂前热身课前计划:让学生观看楼兰网景的宣传片,引起学生的兴趣,形成直观的感受,营造轻松的氛围,辅助案例分析的推进,明确讨论主题(5 分钟)。

(2) 分组讨论,要求小组的所有成员全都参与讨论,并记下答题要点和发言要求(15~20 分钟)。

(3) 小组发言,每个团队选派一名学生代表进行发言,时间控制在 5 分钟之内。在这个阶段,授课教师只是问题讨论的引导者,不对案例问题做任何的评价,引导学生给出他们的观点(20~25 分钟)。

(4) 教师总结,引导全班进一步讨论,针对同一个问题,具有不同观点的小组可以进行相互辩论。教师根据每个小组的汇报情况进行总结(15~20 分钟)。

3. 课后计划

请学生在互联网和图书馆查阅资料自选企业,探讨该企业在组织设计中存在的问题以及发展过程中都采用过哪些组织结构。

案例二　富民之本在得人，强业之源在纳才
——瑞源乳业该如何实现有效招聘

一、教学目的与用途

本案例主要分析瑞源乳业应该如何实现有效招聘？其教学目的主要为了体现人力资源选聘组织发展需要人员时的途径和方法、选聘的标准和要求、人员配备的工作内容。为选聘后的人事管理提供合理的建议，改善人员考核管理和满足员工未来发展等方面的诉求，以达到降低人员流动率的目的，提升招聘的有效性。

二、分析思路

教师可以结合本案例的特色和学生的知识水平，有针对性地灵活使用本案例，以下分析思路仅供参考：

第一步：瑞源乳业人事管理缺陷——分析瑞源乳业现阶段整体发展情况和人事管理存在的问题。

第二步：针对存在的具体问题，考虑产生这些问题的根源；根据具体根源问题，结合人员配备的相关内容，制定相关的措施，具体为如下三个步骤：

首先，2020年人员规模200人左右，但中高层人员仅有5人，尤其人力资源管理部门只有1人，且当年招聘后的离职率高于70%；

其次，各个职能部门中，财务管理部门缺少核心骨干领导者，财务管理方面相对薄弱，现代化管理模式导致个别岗位用工出现两极化现象；

最后，瑞源乳业员工的平时生活和工作管理看似多元化和人性化，但是缺乏系统完整的与企业性质相匹配的管理模式。

三、理论依据与分析

1. 从瑞源乳业的具体案例中，你认为现阶段瑞源乳业在人事管理方面有哪些缺陷？

【理论知识】

企业人力资源管理的最终目标是将企业所需要的人力资源引入企业内部并使他们能够稳定地发挥潜能并为企业所服务。

【案例分析】

瑞源企业人事管理方面主要有以下几点缺陷：

（1）受体制制约，难以引进先进的管理思想和适合企业特色的管理制度、措施手段。瑞源乳业的长期发展过程中，缺乏长期有效的薪酬管理与绩效激励机制，随着人才结构越发复杂，核心成员更需要一些薪酬之外的自我满足和成就感。

（2）人才机制不灵活，人力资本投入不足，高端精英人才难求。员工和企业的关系大多是劳动力的雇佣关系，优秀的人才难以真正地融入其中。人员流失率也比较高。瑞源乳业2020年人员流失数量可以在一定程度上反映这一问题。

（3）缺乏科学的长期人力资源招聘补充计划，员工流动稳定期过短。

现阶段市场背景下企业对人才的竞争比较激烈，企业发展依赖于企业人力资源招聘补充的持久性和长期影响力，企业一旦出现员工不稳定的现象，很大程度上就会影响企业稳定生产和发展。

2. 请分析应该如何制定方案以解决目前新疆瑞源乳业所面临的这些问题。

【理论知识】

人力资源招聘是组织生存和发展的需要，从业务的长远发展来看，人才招聘可以考虑内部选聘和外部招聘结合来开展。

【案例分析】

首先，组织内部的职位空缺时，可以先采取内部调剂或者提拔选聘的方式任用，不但可以提高员工忠诚度还可以提高员工的积极性，而且这些员工对企业的各项业务都比较熟悉，省时省力省开支。

其次，若组织内部不具备胜任相应能力的人员，则可以采取外部选聘的方式，一般人才可以通过人力资源市场或者人才交流市场等职业介绍机构进行人员选聘，或者通过公开选聘以及校园选聘等方式进行，此类方法选取面较广，且快捷有效；高端领域人才可以根据猎头公司雇佣高级精英专业人才，此类人才不需要繁杂的培训就可以快速胜任相关工作。

整体而言，瑞源乳业应该综合高薪聘请专业人士和社会招聘相结合的原则，结合高层高薪聘请、中下层共同评选以及企业内部公开竞聘等方式开展，人力资源主管应该注意核心紧缺骨干和领导人才培养，并建立他们的档案和保持联系与沟通，必要的时候可以提升待遇以挽留。

3. 结合材料分析，瑞源乳业应该如何加强员工关系管理？

【理论知识】

员工关系由组织内各成员之间复杂的关联性构成，员工关系培养是一个组织人力资源管理的重要内容。"人力资源是企业的第一资源"，人才是企业最宝贵的财富。任何企业都不希望自己的员工流动率过高，影响企业和组织的发展战略、组织目标的实现。同时企业员工都希望自己有一个稳定的收入来源，也不会希望自己过快的流动，这样会损失自己的时间、精力，更不利于自身的职业生涯的发展。导致民营企业人才流失的原因是多方面的，涉及员工忠诚度、员工发展前景、员工管理制度、激励机制等众多方面内容。

【案例分析】

企业招不到人才或者留不住人才，很多时候往往不都是因为薪酬，而是与企业招聘体系是否健全，人才对企业的文化氛围、管理风格等是否认同密切相关。所以，瑞源乳业需要通过各方面的努力建立起人才对企业的认同感、依赖感，人才的引进和留用才能变得不那么困难，因此瑞源乳业留人方面主要存在以下几方面问题：

（1）员工个人方面的原因

员工需求达不到满足或个人能力与岗位不匹配，就会导致人员流失。大部分员工在自己企业出现各种问题，而外部企业提供清晰的工作职责范围、平稳的工作环境、合理的工作时间情况下，则会寻找可以提供相应待遇的外部企业，造成员工离职的情况发生。此外，对于员工招聘机制的规划与管理，相关招聘工作不够科学，招聘标准不明确，这使员工入职后无法充分发挥其个人价值，也影响了企业经济效益的提升，加速了人员的离职。

（2）薪酬水平缺乏对外竞争性和对内激励性

如果无法建立正常的薪酬增长机制，就会导致企业员工薪酬待遇止步不前，员工获得感相较其他类型企业的员工逐年下降，因此企业对人才的吸引力也在逐年下降。瑞源乳业不分岗位类别和职位级别全部下到车间时，如果各级员工薪酬水平差距小，就会存在一定的平均主义、吃大锅饭的现象。忽略了知识型员工的贡献特点，绩效考核分配缺乏激励性，没有准确反映出不同业态、岗位、技术、能力应有的价值。瑞源乳业员工流失的主要原因是外部企业可以给出更为丰厚的薪资条件。虽然不定期的加班和不匹配的奖励机制，提升了企业经济的总收益，但没有合理分配给员工，就会直接导致员工的薪资水平达不到员工的期望程度。

(3) 企业文化氛围熏陶不够

真正有才能、有理想、有抱负的人才哪怕是在平凡的岗位上也会做出骄人的成绩，他们只会想如何让自己变得更强大，更富有能力，而不是不断地变换工作环境。如果一个企业能够充分解决企业文化氛围之问题，就能够更好地吸引更多的专业人才。

4. 结合材料分析，瑞源乳业应该从哪几方面完善公司招聘原则和体系，并切实执行，才有可能实现企业人才招聘效益的最大化？

【理论知识】

(1) 招聘管理和核心与原则。

(2) 影响招聘管理的因素。

(3) 招聘管理体系。

(4) 招聘效益。

【案例分析】

(1) 人才不是越优秀越好，只有合适的才是最好的。面对什么样的人对瑞源乳业才是合适的这个问题，首先是要明确企业需要什么样的人。这点每个企业都应该有自己的判断，但是不管怎样，对这些软素质一定要有属于瑞源乳业自己企业的、清晰的选择标准才行，这些侧重于考察应聘者的态度、个性、兴趣等方面。其次是要明确用人岗位需要什么样的人。招聘部门要配合用人部门通过岗位分析，明确某个岗位需要人才要具备哪些具体的条件，比如，年龄、学历、技能、经验等，对这些硬性条件则侧重于考察应聘者的素质、能力等方面。

(2) 对企业发展的每个阶段都要有针对性的招聘策略。瑞源乳业在不同的发展阶段对人才的需求也是不同的，所以招聘工作要因时而变、因地制宜满足企业在不同阶段对人才的需要，对于选择的人才是讲究当下实用性还是为后期发展做人才储备，目的一定要明确。

(3) 招聘人员要树立符合企业导向的理念，落实职责。企业对招聘人员的基本要求之一就是对企业负责、对应聘者负责，所有招聘人员的心里首先要树立"优秀不代表合适，招一名不合适的人才，哪怕他再优秀，也是对企业和应聘者的极大浪费"的理念。

（4）注重双向选择，绝对不允许故意夸大或者美化企业的行为。过分夸大企业很容易导致应聘者开始时对企业的期望过高，而进入企业后发现实际并没有自己想象的那么好，从而产生上当受骗的感觉，进而发生挫伤工作积极性的情况。

（5）根据不同情况，保证用人部门对招聘工作的参与程度。什么部门需要用什么样的人，只有用人部门自己最清楚，而被招进来的人也会最直接地影响部门的绩效。毕竟招聘人员是一个企业招聘人才的第一关，而如果招聘人员自身素质就很低的话，那么是不可能选拔出公司所需要的优秀人才的。

（6）树立员工人文关怀，做好公司内部员工团结的氛围环境。公司对待员工的人文关怀也直接会影响员工的工作积极性，公司各阶层之间友好相处，营造和谐的工作和生活氛围，加强团结进取的学习理念或思想，发扬公司员工关心关爱、互帮互助的优良传统，关爱老年职工，周期性开展团建或者互动交流谈心活动，健全员工意愿诉求反馈机制，加强培养新鲜血液和青年职工，提供更多的学习和进修的机会，提倡"传帮带"一类的帮扶政策，并对优秀的员工给予激励奖励。

四、关键要点

人员配备在企业人事结构功能方面有着巨大影响，这是企业发展前进的动力。不同性质的企业发展具有其特殊性，要注重其人才管理方面的差别性，民营企业人事在进行人员招聘和稳固人才时，不仅要注意聘用人员与岗位的匹配程度，而且更要健全企业招聘体系，树立优秀企业文化氛围和人才管理模式。

五、建议的课堂教学计划

本案例可以在课堂中讲授人员配备的相关内容时结合讲解，以下是根据时间安排提供的课堂教学计划建议，仅供参考。整个案例教学可以计划为25分钟左右，穿插在整个章节的相应部分。

1. 课前部分：提出启发，通过案例阅读初步发现问题。并带着思考进入本章节核心知识点学习。（5分钟左右）

2. 课中部分：在人员配备相关知识点讲解过程中，与本案例相应部分相结合，突出问题主旨，并进行提问和学生发言。（10分钟左右）

3. 课后部分：根据提问和学生回答，进行点评，并根据案例背景延伸，系统地结合所讲授的知识点，对应案例中的要点问题，有针对性地讲解，再根据案例延伸完整地将可能涉及的问题进行一些引导，引发学生更多地了解和关联思考。（10分钟左右）

案例三 用户为本，科技向善——腾讯的迭代企业文化

一、教学目的与用途

本案例通过向学生介绍组织文化的功能，使学生了解组织文化的概念，掌握企业塑造组织文化的作用以及探索如何塑造组织文化。腾讯形成了独特的企业文化，管理人员形成了一个共同的愿景，使本组织的所有成员都能追求一个目标，从而促进企业各方面协调稳步发展，涉及腾讯的价值观的导向功能，提升员工的凝聚力，和不断激发组织的潜力。不仅对企业自身，而且对社会、公众都能传播积极的企业文化。帮助学生认识到组织文化塑造的重要性和在组织管理中"以人为本"的组织文化如何塑造，培养学生通过文化的塑造解决组织潜在问题的能力。

二、分析思路

管理的载体是组织，主要研究的是组织中的管理活动。组织文化是组织在长期的实践活动中形成的具有组织特征的文化现象。它是群体意识的总称，包括价值观、心理期望、行为准则、对团队的归属感以及组织内所有成员都接受并遵循的工作方式。本案例以腾讯组织文化为例，描述了马化腾通过企业文化建设，建立腾讯企业整体价值观。通过解决腾讯面临的问题和困难塑造自己企业积极进取的价值观。本案例以分析腾讯组织文化为依据，让学生感受组织文化带给企业的积极作用以及组织文化建立的魅力，理解组织文化的功能和反向功能，学习如何选择适合组织的价值观，懂得如何强化认同感。

三、理论依据与分析

1. 结合材料，分析腾讯的组织文化体现在哪些方面？

【理论知识】

（1）组织文化是组织在长期的实践活动中形成的具有组织特征的文化现象，是群体意识的总称，如价值观、思维方式、心理期望、行为准则、对团队的归属感、工作方式等为组织全体成员所接受和遵循。

（2）从本质上讲，组织文化是意识的抽象范围，是存在于组织内的集体意识现象，思想行为的方向性和精神观念是无形资产。

【案例分析】

2019年11月11日，腾讯正式公布全新的使命愿景为"用户为本，科技向善"，并将公司价值观更新为"正直、进取、协作、创造"。组织文化是组织中特定群体特有的意识抽象领域、意识现象、世界观、行为态度和精神观点。组织文化是一个包含共同价值观、团队精神和行为准则等一系列相互依赖、相互关联的要素的系统。

正直为本，恪守"以用户为本""一切以用户价值为归依"的理念。坚持底线，以德为先，诚实公平是至高无上的。在腾讯的发展过程中，有两条最重要的生命线，一条叫"用户"，另一条叫"责任"。

进取，鼓励员工继续"坚持基本的、道德的原则，首先是坦诚，而不仅仅是高于一切"，这受到了员工的高度重视和赞赏。

协作，内部互动，需要拓展模式、开放边界，与开放源思想组织协调，运用与网络思维相适应的方法和工具；在外部，必须与合作伙伴和环境力量密切合作，以此来提高价值。

创造，突破不断存在的思维，保持对前瞻性领域的关注和投资，创造更注重结果的附加值。这些价值观都是腾讯组织文化的体现。

2. 结合材料，企业文化有什么功能和价值？

【理论知识】

（1）导向功能：根据组织的目标确定组织中每个成员的价值取向和行为，无论是作为一个整体还是作为适应文化的一部分。

（2）凝聚功能：组织文化可以通过多种方式传递组织成员的思想感情，凝聚人们的理想信念和感情，形成和激励他们的集体意识。

（3）激励作用：通过组织文化的形成和内部领导，组织的每一个成员都能在内心深处表现出对组织的全部承诺，从而最大限度地发挥组织的积极性、主动性和创造性。

（4）辐射功能：当一个组织的文化变得更加永久时，它不仅在组织中发挥作用，影响其成员，通过各种渠道影响社会。

【案例分析】

领导组织每个成员的价值观及其对组织和社会的影响。腾讯将不断提高科技能力，为客户提供更好的产品和服务，不断提高人民群众的生产力和生活质量。与此同时，我们需要做出改变。它特别强调"所有基于用户价值观的商品和服务都必须纳入社会责任"，更重要的是"促进科技创新和文化遗产，加强各部门在促进社会可持续发展方面的作用"。激发员工的社会责任感和民族认同感。采取积极的行动，为国际社会向低碳技术的过渡做出贡献，以确保未来的可持续发展。在致力于实现自身"碳中和"目标的同时，腾讯通过鼓励开放创新和知识共享以及平台和产品的覆盖范围和影响力，实现向低碳社会的转型。

大力促进亚洲体育交流的发展，积极促进不同民族和地理群体的文化繁荣。将为亚洲电子竞技领域的出口、交流和培训建立一个新的平台。本组织的每一个成员都可以在内心深处表现出对本组织的忠诚，而不是放弃一切。凝聚人民的理想信念和感情，形成和激发他们的社会意识。腾讯服务中国及世界各地的企业和大众，助力实现数字化转型。制造业和医疗卫生行业是企业把握人工智能浪潮的两个典范。腾讯一直在与中国的工厂紧密合作，为其提供人工智能解决方案，帮助制造行业质检提高缺陷筛查效率。腾讯的医疗AI技术也用于辅助前线医生快速筛查疾病。

3. 结合材料分析，如何塑造企业文化？

【理论知识】

（1）选择正确的价值观是形成组织文化的最重要的战略问题，选择正确的组织价值观基准必须注意以下事项：①组织价值观应该具有正确、明确、科学、鲜明的个性特征。②组织的价值观必须反映组织的宗旨、发展战略和方向。③价值观需要与组织文化的要素相协调。④组织的价值应该得到组织和社会成员的认可和接受。

（2）加强员工认同感。①广泛宣传。利用一切宣传媒体，宣传组织文化的内容和本质，使其成为家喻户晓的名字，营造强烈的环保氛围。②培养和建立典型的人物和故事。③加强培训教育。通过开展各种活动，组织成员系统地接受并认同组织的精神和文化。

（3）提炼定格。形成成熟的组织价值观和组织文化模式不是同时解决问题，而是需要认真分析、总结和细化。

(4) 巩固完善。①建立规章制度。②领导者要率先垂范。

【案例分析】

制度文化具有生命力和美学性，它是企业制度的载体，是企业活动有效协调的基础，是企业管理中的精神文化。一个好的公司必须有一个强大的制度，才能给员工力量。

行为文化的动态美主要是由员工的行为方式和行为准则构成，也是员工行为中精神文化和制度文化的提炼。物质文化的静态审美展示感主要由外部形象构成。让企业文化带动中小企业发展，在资源有限的情况下，只有抓住创造文化价值的关键要素，才能在资源有限的情况下实现价值最大化。

四、关键要点

1. 选择正确的价值观是形成组织文化的最重要的战略问题，选择正确的组织价值观基准必须注意以下事项。首先，组织价值观应该具有正确、清晰、科学和鲜明的个性特征。其次，组织的价值观必须反映组织的宗旨、发展战略和方向。再次，价值观必须与组织文化的要素相协调。最后，组织的价值应该得到组织和社会成员的认可和接受。

2. 导向功能：根据组织的目标确定组织中每个成员的价值取向和行为，无论是作为一个整体还是作为适应文化的一部分，都应如此。

3. 凝聚功能：组织文化可以通过多种方式传递组织成员的思想感情，凝聚人们的理想信念和感情，形成和激励他们的集体意识。

4. 激励作用：通过组织文化的形成和内部领导，组织的每一个成员都能在内心深处表现出对组织的全部承诺，从而最大限度地发挥组织的积极性、主动性和创造性。

5. 辐射功能：当一个组织的文化变得更加永久时，它不仅在组织中发挥作用，影响其成员，还通过各种渠道影响社会。

6. 提炼定格：形成成熟的组织价值观和组织文化模式不是同时解决的问题，而是需要认真分析、总结和细化。

五、建议的课堂教学计划

本案例可以作为专门的案例讨论课来进行。建议在 35~45 分钟完成整个案例的学习。以下是安排课程的建议，仅供参考。

1. 案例阅读和解释（5~7分钟）学生独立阅读案例。

2. 案例讨论和分析（20~25分钟）将学生分成小组，通过提问讨论和分析公司文化。

3. 案例总结（10~13分钟）根据学生的问题和答案进行评论，并根据案例的背景延伸结合所学知识点，依次对应案例的关键问题，进行有针对性的解释，然后根据案例延伸对可能涉及的问题进行完整的指导，增强学生的学习效果。

第三章

管理的领导职能

案例一 惟其艰难，方显勇毅——民营企业家的领导艺术

一、教学目的与用途

本案例描述了民营企业家于瑞红是如何通过领导艺术带领瑞源乳业实现跨越式发展，重点描述了于瑞红的领导特质、领导力、人格魅力以及坚韧不拔的意志，有助于学生通过案例教学，深入研究如何对企业员工进行有效的领导。

通过本案例的分析与讨论，结合案例让学生理解管理与领导的关系，领导者特质理论、领导者行为理论、领导情境理论的内容以及加深学生对于领导这一管理职能的认识，能够结合案例分析于瑞红具备的领导力。

二、分析思路

本案例的分析思路及步骤如图 3-1 所示。

三、理论依据与分析

1. 领导者特质理论包括哪些内容？提出"有爱、有缘、有瑞源"的宣传语体现了于瑞红的哪些个人特质？

```
案例问题 → 理论知识点 → 案例情节 → 教学目的
   ↓
领导者特质理论包括哪些内容？提出"有爱、有缘、有瑞源"的宣传语体现了于瑞红的哪些个人特质 → 领导者特质理论 → 案例第2部分 → 掌握领导者特质理论
   ↓
通过给杜经理的建议，如何理解管理和领导的区别 → 管理和领导的区别 → 案例第3部分 → 识别管理和领导的区别
   ↓
作为一名领导者，通过发放感恩红包以及股权激励措施，属于什么领导行为 → 领导者行为理论 → 案例第3部分 → 掌握领导者行为理论的内容
   ↓
于瑞红经营的聚福楼遭遇"滑铁卢"，于瑞红是如何体现不服输的精神 → 领导情境理论 → 案例第4部分 → 掌握领导情境理论内容
   ↓
如何对企业员工进行有效的领导
```

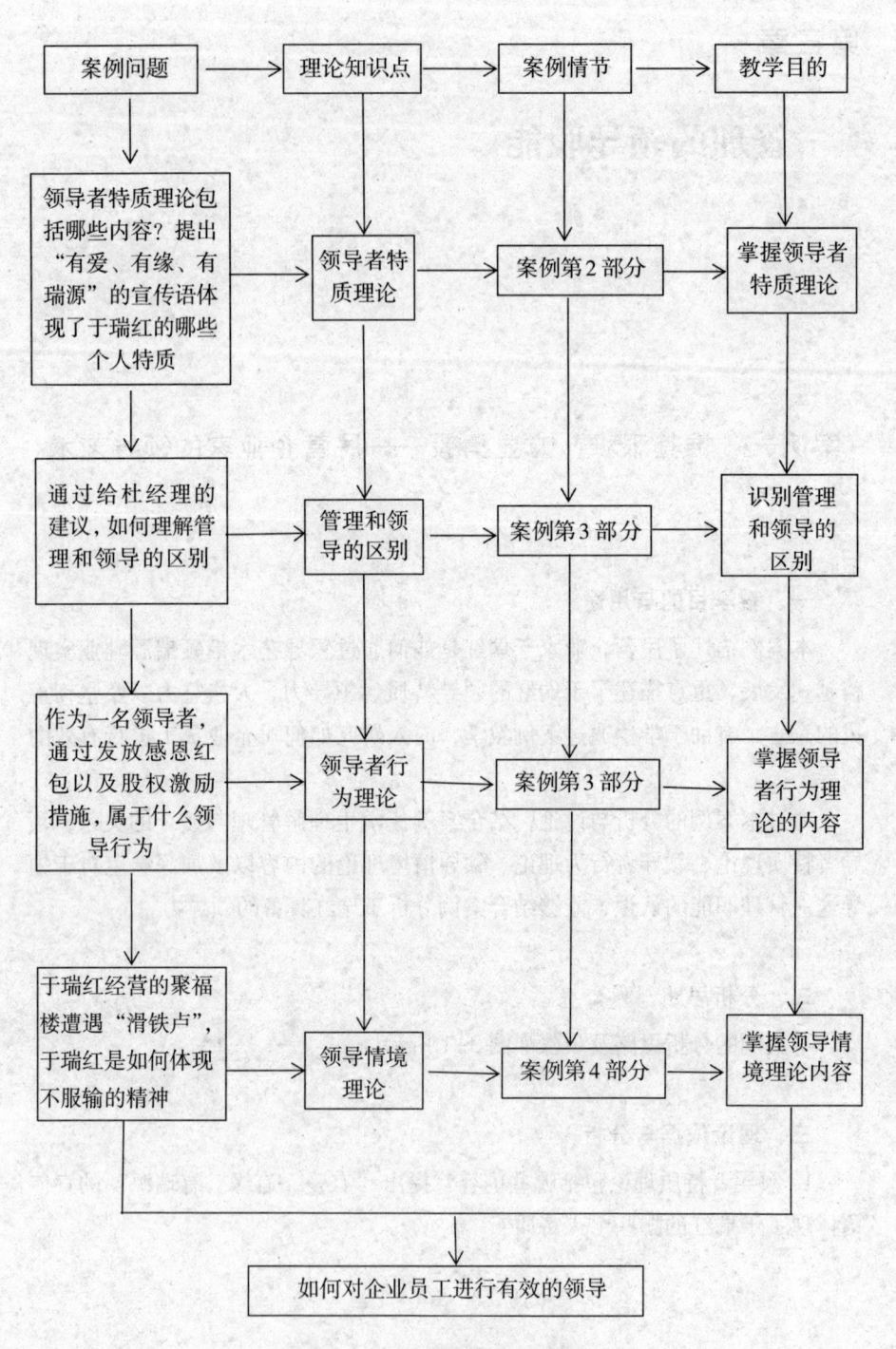

图 3-1　案例分析思路及步骤

【理论知识】

托马斯·卡莱尔的"伟大人物"假设：历史是由非凡领导的力量形成的，成功的领导基于领导者个人特质。拉尔夫·斯托格迪尔提出领导者的8个重要特质：可靠性、社交性、主动性、坚持、自信、警觉、合作性、适应性。理查德·曼恩回顾了领导个性和小群体绩效的关系，总结出5个特质：调整能力、外向性、支配性、阳刚性、保守主义。马克·赫根研究了领导有效性和个性的关系，指出4种领导特质：精力充沛、随和、责任感和情绪稳定性。伯纳德·巴斯将领导特质分为不同的类型，主要有生理特性、个性、社会特性。蒂姆西·贾吉基于五大人格特质理论（外向性、情绪稳定性、经验开放性、随和性和责任感）对个体特性和领导的关系进行了测量。柯克帕特里克、洛克基于对领导力过程的关注，指出了成功领导的6个关键特质：内在驱动力、领导动机、诚实与正直、自信、认知能力以及工作相关知识。

领导者特质理论认为，不管在什么样的情境下，领导者都具有相同的个人品质和特征，领导者个人特质和领导有效性的关系常常并不一致，民营女企业家具备什么样的个人品质，领导者特质理论提供了判断依据。

【案例分析】

在提出企业的宣传语时，民营企业家于瑞红善于征求员工的意见，根据蒂姆西·贾吉对五大人格特质理论的研究，于瑞红工作中善于交际、自信、主动、热情、能够鼓舞人心，并带来积极的影响。

2. 通过给杜经理的建议，如何理解管理和领导的区别？

【理论知识】

赫塞和布兰查德认为，领导是一个在特定情境中通过影响个体或群体的行为来努力实现目标的过程。管理也需要协调他人的工作以达到组织目标，通常认为领导和管理之间存在的主要差异如表3-1所示。

表3-1 领导和管理存在的最主要差异

	领导	管理
职能范围	领导是管理的一个部分	管理除了领导职能，还包含了决策与计划、组织和控制
权力来源	领导的权力可以来源于其所在职位，即组织结构的权力，也可以来源于其个人	管理的权力来自组织结构，建立在合法性和强制性的权力基础之上

续表

	领导	管理
主要功能	领导能带来变革	管理是为了维持秩序,在一定程度上实现预期的计划,使事物能够高效地运转
目标制定过程	注重宏观方面,着重于较长时间范围的远期目标的确立,并为其制定有一定风险性的战略	强调微观方面,通过计划和预算过程,确定几个月到几年的短期目标,安排详细步骤和资源实现计划目标
人力资源配备	通过愿景目标和战略影响组织成员,形成联盟,加强合作,使得整个群体朝着正确的方向前进	按照计划的需要构建组织,安排人员,根据职位的要求挑选、培训专业化的人才,保证组织按照正确的方式做事
计划执行方式	倾向于通过授权和激励等方式鼓舞组织成员迎接挑战,完成任务	侧重于通过详细的监督和控制解决问题,保证计划执行

【案例分析】

在案例中,杜经理只是从一个管理者的角度出发考虑问题,工作状态不佳,效率低下,管理的权力来源于组织结构。于瑞红的领导权力来源于职位和个人,看到员工状态不佳的时候,第一时间了解情况,采取谈心谈话的措施,鼓励下属积极工作,给下属鼓舞打气,让下属积极地投入工作中。

3. 作为一名领导者,通过发放感恩红包以及股权激励措施,属于什么领导行为?

【理论知识】

领导是为实现组织目标对群体成员影响和支持的过程。美国著名的管理学家哈德罗·孔茨认为:"领导,可以简单地解释为影响,即影响别人,使之心甘情愿地为实现群体目标而努力的艺术或过程。"这是考察一个领导者的工作是否有效的标准。领导者的领导工作是否有效既决定于领导者的素质和领导风格,又决定于领导者的领导风格是否适应所处的领导情境。基于权力运用,美国著名的心理学家勒温以权力定位为基本变量,通过各种试验,把领导者在领导过程中表现出来的工作作风分为专制、民主、放任自流3种基本类型。

(1) 专制的领导作风

专制的领导作风是指靠权力和强制命令让人服从的领导作风,它把权力定位于领导者个人,其主要行为特点为:

①独断专横,从不考虑别人的意见,决策皆由自己决定;

②亲自设计工作计划,确定工作内容并进行人事安排,从不把任何信息告诉下属;

③主要靠行政命令、纪律约束、训斥和惩罚来管理,奖励只是偶尔为之;

④很少参加群体活动,与下属没有感情交流,刻意与下属保持一定的心理距离。

(2) 民主的领导作风

民主的领导作风是指以理服人、以身作则的领导作风,它把权力定位于群体,其主要的行为特点为:

①所有的决策都在领导者的鼓励和引导下由群体讨论做出;

②分配工作时尽量照顾到组织成员的能力和兴趣,对下属的工作安排并不面面俱到,下属有较大的自主性和灵活性;

③主要以非正式的权力和权威而不是靠职位权力和命令使人服从,谈话时使用商量、建议和请求的语气;

④积极参与团体活动,与下属打成一片,无心理距离。

(3) 放任自流的领导作风

放任自流的领导作风是指工作上事先无布置,事后无检查,权力定位于组织中的每一个成员,一切悉听尊便的领导作风,实行的是无政府管理。

有关研究证明,放任自流型领导工作效率最低,能达到社交目标但工作目标很难实现;专制型领导虽然通过严格的管理能达到工作目标,但追随者没有责任感,情绪消极,士气低落,争吵较多;民主型领导工作效率最高,不但能完成工作目标,而且组织成员之间关系融洽,工作积极主动,有创造性。因此,最佳的领导行为风格是民主型领导。

很显然,专制型领导强调领导者的意志和权威,它与特质论者所持的领导风格一脉相承,即使组织目标实现,被领导者的满意度也不高,这种领导风格往往声名不佳。民主型领导同时强调领导者和被领导者的意愿和实际行为的可能性在诸多场景下颇受好评。在实际的组织与企业管理中,很少有局限于某一种类型的领导风格,大多数领导都是介于专制型、民主型和放任自流型之间的混合型。

二十世纪四五十年代,俄亥俄州立大学教授斯托格蒂尔等人试图确定领导行为的独立维度,他们从最初收集的1000多个维度中,总结提炼出了领导行为的两种基本维度:结构维度和关怀维度。结构维度意指领导者为了实现组织目标而对自己与下属的角色、下属的工作内容、工作关系和工作目标进行界定和建构的程度。"向下属分配具体工作""期望达到明确的绩效标准""强调工作的最后期限"常被视为高结构维度领导者的典型行为。关怀维度意指领导者尊重和关心下属的观点和情感、建立相互信任的工作关系的程度。高关怀的领导者关心下属的生活、幸福、地位、满意度等问题。这两个维度构成了4种类型的领导行为,如图3-2所示,这就是领导行为的四分理论。研究发现,高结构—高关怀的领导,通常情况下比其他3种类型的领导更有效,下属的满意度更高。

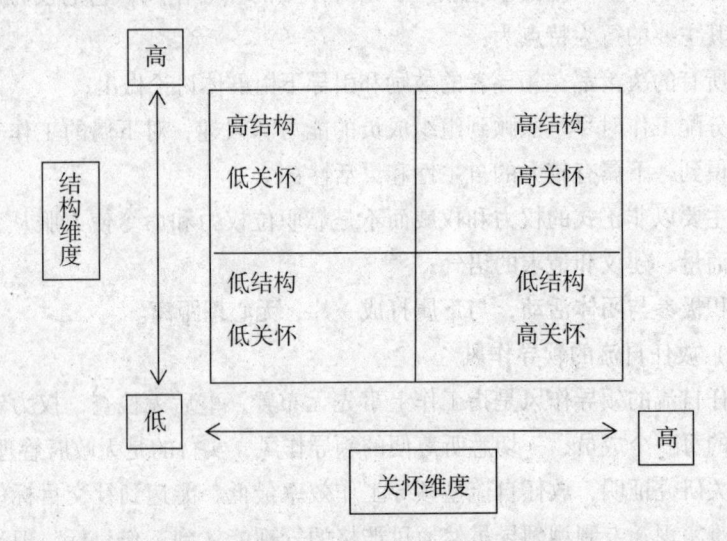

高结构 低关怀	高结构 高关怀
低结构 低关怀	低结构 高关怀

纵轴:结构维度(低→高);横轴:关怀维度(低→高)

图3-2 领导行为的四分理论示意图

很显然,领导行为的四分理论中的结构维度重在回答被领导者做什么、如何做、做到什么程度的问题,属于"理"层面的问题;而关怀维度重在回答从领导者角度来看,哪些因素会影响被领导者工作的积极性、主动性和创造性,继而影响组织绩效和组织目标的实现,属于"情"层面的问题。

与俄亥俄州立大学研究同期,密歇根州立大学的研究小组从领导有效性角度将领导行为划分成重视人际关系、考虑下属的个人兴趣、承认个体差异的"员工导向"以及强调工作的技术或任务的完成情况、将员工视为达到目标的手段的"生产导向"两个维度。密歇根州立大学的研究者认为员工导向的领导比生产导向的领导更有效，下属的生产效率和工作满意度更高。

【案例分析】

瑞源公司未来的发展规划，是公司业务扩展到全国多个县市。为了更好地打造中国特色乳品第一品牌，于瑞红表示，瑞源乳业以后将会成为一个大平台对每个人开放，员工人人都可以成为经营者，希望发挥全体员工的能力，大家共同将这个事业经营好。为此，公司将借助股权激励的措施，帮助企业甄选人才、培养人才、发展人才，最终实现企业与员工共赢的目的。于瑞红的领导行为是以人为中心，更关心下属的满意度，信任和尊重下属，与下属建立温暖、和谐的人际关系。公正而友善，关心下属，平易近人，关注员工的生活、幸福、地位、满意度等问题，以此改善领导者与被领导者之间的关系。

4. 于瑞红经营的聚福楼遭遇"滑铁卢"，她是如何体现不服输的精神的？

【理论知识】

有效地领导不是特指哪一种领导风格，也不是具有某种领导风格特质的领导就一定要采用一成不变的领导行为，而是领导者应采取与管理情境相匹配的领导方式，从而实现有效的领导。

【案例分析】

案例中，聚福楼遭遇了经营危机。原因一：1994 年年末，国务院召开全国建立现代企业制度试点工作会议，确定在企业开展以"产权清晰、权责明确、政企分开、管理科学"为特征的现代企业制度试点工作。因为聚福楼酒店当时建设时吸纳了多方资金，如今也面临产权重划、资产重组的两难境地。原因二：当年，为了更好地发展城市，库尔勒对老城区道路进行改造，聚福楼所在的街道刚好在改造范围，施工时车辆暂时无法通行。原因三：随着北京烤鸭知名度的提高，库尔勒及其周边县市的烤鸭店逐渐多了起来。综合以上原因，聚福楼的生意日渐惨淡。聚福楼遭遇"滑铁卢"一事给了于瑞红重重一击，于瑞红差点失去重新站起来的勇气，她经常怀疑自己、否定自己，每天都在"挺下去"和"放弃"的念头中纠结。关键时刻，于瑞红心想无论多困难，都要撑下去。

四、关键要点

1. 领导风格直接影响组织的工作绩效和士气。管理是一个通过个人和团队的工作实现组织的各种目标的过程。管理者的领导风格，体现在管理者思维方式和行为方式中，如何委派工作任务，如何分配权力，如何激励员工等方面。因而，一个管理者的领导风格会直接影响组织士气，并最终体现为组织的工作绩效。

2. 只有领导风格与情境因素相匹配，才能达到最好的管理效果。领导风格没有好坏、对错之分。关键是看这种领导风格是否与情境相匹配，提高组织绩效，获得更高的员工满意度，使组织整体向积极方向发展。管理者要注意了解客观条件的约束与管理情境的变化，寻找自身领导风格与情境的最佳契合点。

3. 当领导风格与情境矛盾时，大多数管理者会选择改变情境因素以推行自己的领导。这样做的原因主要有：管理者的领导风格多年形成，客观上颇具稳定性；改变情境因素，会在下属中确立自己的权威形象，巩固管理者地位；管理者心理因素作用，认为自己具有足够的影响力，改变情境因素以适应自己的管理。

五、建议的课堂教学计划

教师在进行案例讨论课的时候，可以单独使用。整个案例课程的时间可以控制在 90~100 分钟。

1. 课前计划

（1）备学生：根据自由结合的原则，将班级学生分为 5~6 组，每组人数控制在 6~8 人，并选出组长。

（2）备硬件：本案例的讨论需要用到投影仪、黑板、粉笔、桌椅、A4 纸等物品。申请智慧教室，利用教室中的圆桌，以小组为单位就座，以营造轻松的讨论氛围。

（3）备软件：至少提前 3 天把案例发给学生，要求学生在课前完成阅读和初步思考，并对思考题中涉及的知识点进行预习。

2. 课堂计划

（1）课堂前热身课前计划：让学生观看瑞源的宣传片，引起学生的兴趣，形成直观的感受，营造轻松的氛围，辅助案例分析的推进。（5 分钟）

（2）分组讨论，要求小组内的所有成员全都参与讨论，记下答题要点并告知发言要求。（30 分钟）

（3）小组代表发言。每位小组选派一名代表发言，每个小组控制在 5 分

钟左右。在这个阶段，授课教师只是问题讨论的引导者，不对案例问题做任何评价，引导学生给出他们的观点。(30分钟)

(4) 教师总结。

引导全班进一步讨论，针对同一个问题，具有不同观点的小组可以进行辩论。教师根据各小组分析问题的思路和提出的解决方案进行总结。(15~20分钟)

3. 课后计划

请学生自选企业，探讨该企业在发展过程中是如何体现管理创新的。

案例二 "好马"回头留不留

一、教学目的与用途

本案例描述了一家公立医院运用激励措施扭转人才流失局面的管理实践过程。教学目的在于使学生对于人才队伍建设在高知识、高技术、高风险的复杂劳动组织的重要性有直观认识，通过案例引发学生的思考和讨论，针对医院的独特性，结合边疆少数民族地区的背景，分析医院员工的需求特点和适合的激励方式，从而引导学生学习并掌握激励的原理和运用理论的方法。

二、分析思路

教师可根据自己的教学目标，在了解案例背景的基础上，逐步引导学生挖掘案例中的关键信息。这里给出本案例的思路分析流程图仅供参考，如图3-3所示。

1. 发现问题。根据案例正文中BZ人民医院的行业特点和发展现状，引导学生思考医院发展中人才队伍建设的重要性，并讨论和分析在BZ人民医院地域和行业特点下人才流失问题以及所造成的影响。

2. 分析问题。引导学生运用相关理论知识，多视角分析和总结BZ人民医院人才流失的原因。

3. 思考本质。结合案例内容和激励的需要理论、过程理论、强化理论等相关的理论知识，引导学生分析识别医务人员不同群体的需要，将需要作为激励的前提。

4. 解决问题。根据案例内容，引导学生探讨如何针对不同类型和不同特点的需要开展有效的激励，分析激励措施对员工行为的影响。

5. 案例总结归纳。总结如何运用激励相关理论激发员工为实现组织目标而努力。

```
BZ人民医院现状及人才流失问题  ←  发现问题
            ↓
BZ人民医院人才流失的原因分析  ←  分析问题
            ↓
BZ人民医院医务人员不同群体的需要  ←  分析本质
            ↓
BZ人民医院人才激励举措  ←  解决问题
```

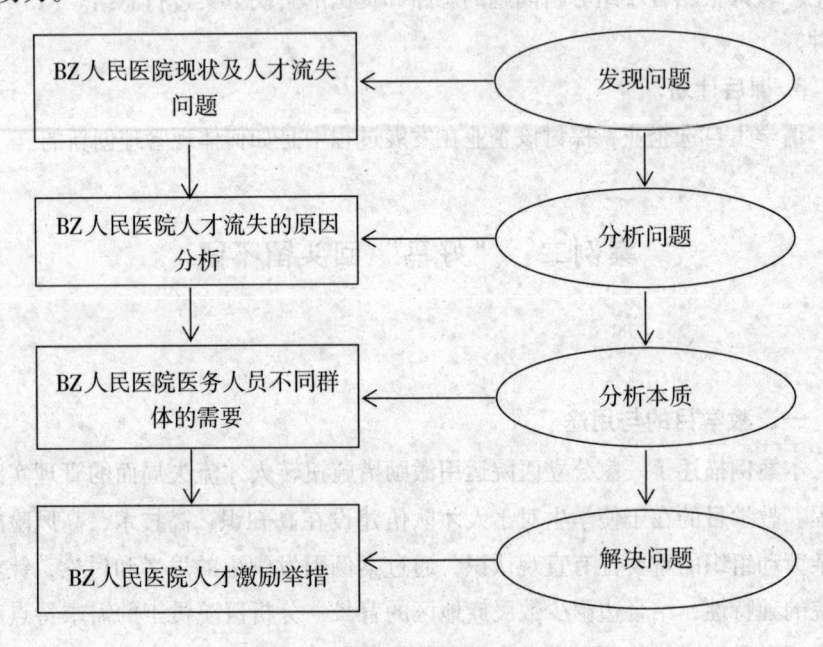

图3-3 案例分析步骤与思路

三、理论依据及分析

1. 造成BZ人民医院人才流失的原因是什么？

【理论知识】

马克思主义的人性需要理论认为人有3个层次的需要：生存需要、享受需要、发展需要。包括3部分：物质需要、精神需要和共产主义劳动需要。邓小平理论中提到"要尊重人才，尊重劳动""除了精神上的鼓励，还要采取一些其他鼓励措施，包括改善他们的物质待遇"。习近平新时代中国特色社会主义思想中提出"发展是第一要务，人才是第一资源，创新是第一动力""要树立强烈的人才意识，做好团结、引领、服务工作，真诚关心人才、爱护人才、成就人才，激励广大人才为实现'两个一百年'奋斗目标、实现中华民族伟大复兴的中国梦贡献聪明才智"。从管理的领导职能来看，组织目标的有效实现，不仅是领导者运用权力影响下属的过程，还是领导者能否为下属创造发展空间以整合个人目标的过程，如果领导者对员工没有有效识别和满足员工需要，就不能有效激励员工，就会造成工作效率低下和员工队伍不稳定的情况。

【案例分析】

造成 BZ 人民医院人才流失的主要原因是医院在人才激励方面存在突出问题：一是物质激励乏效。薪酬分配机制没有合理体现医务人员劳动价值。由于现行绩效工资中基础性绩效的比重较大，而体现医生技术水平、护理难度等奖励性绩效所占比例较低，实际分配的过程中注重学历、工作年限、职称等因素，较少考虑医术水平、手术风险、工作强度等因素，临床一线员工的工资和行政后勤人员的工资差距不大，风险较高的外科科室和风险较低的内科科室之间的差距不大。作为拥有高技术、承担高风险的外科医生，张医生感到薪酬与自己的劳动价值差异过大，产生了较为强烈的不满。二是精神激励乏力。医院不重视价值观引领和表彰奖励，没有促进荣誉转化成优秀人才的成就感和价值感，对普通员工也没有充分地发挥榜样的激励作用。对员工的成长和发展支持不足，员工感受不到主人翁地位，医院缺少"尊重人、信任人、关心人、培养人、使用人"的人性化管理和良好氛围。三是保健因素不足，缺少良好的工作环境和人际关系。这些因素累积下来，造成张医生不满情绪聚积，对自己在医院的发展前景失去信心，最后在更高薪酬的吸引下，选择了辞职离开。

2. 医院不同医务人员群体的需要分别有什么特点？

【理论知识】

激励的需要理论包括需要层次论、双因素理论和成就需要理论等。其中马斯洛的需要层次理论通过对需要的分类，找出对人进行激励的途径，即激励可以看成对具体的社会系统中未满足的需要进行刺激的行为过程。需要层次理论认为，每个人都有 5 个层次的需要：生理的需要、安全的需要、社交的需要、尊重的需要和自我实现的需要，前两种是较低级的需要，后三种是较高级的需要。前一层次的需要满足后，就会产生后一层次的需要。双因素理论提出，影响人们行为的因素主要包括两类：保健因素和激励因素。保健因素是与人们的不满情绪有关的因素，例如，工作条件、人际关系、政策环境、基本福利等，如果保健因素处理不好，就会引发对工作的不满情绪，处理得好，就可以预防或消除不满情绪，但保健因素没有激励作用。激励因素是指与人的满意情绪有关的因素，包括工作成就、晋升、成长机会、社会认可等，与激励因素有关的工作处理得好，可以使人产生满意的情绪，从而产生激励作用。成就需要理论认为人通过生活经验在后天会获得成就的需要、依附的需要和权力的需要，这些需要也是工作的动机，能够发挥激励作用。

【案例分析】

医院处于不同发展阶段的员工的需求也各自有各自的特点。新入职员工和普通医护人员是医院员工队伍的基础和主体，他们希望在充分满足其对基本薪酬的要求之后，设立完善的绩效考核和分配制度，实现多劳多得、优劳优酬，更关注生理需要和保健因素。有效满足他们的生理需要和安全需要，让他们获得较高的生活水平，为他们创造良好的工作环境，有效激发他们的工作积极性。他们还希望得到工作所需的知识、技能方面的培训，包括基础业务技能、重点技术、关键领域的专项培训。希望医院能创造性地设立评价机制，建立完善的职业生涯规划和人才成长计划，从医院层面明晰他们的未来发展任务和方向，将其作为医院得以开发和培养的后备人才，给予每一位愿意发展自己专业技术的人以机会，激励他们在专业上获得长足进步。这说明基础人才群体也需要激励，也应该予以重视和满足。

骨干人才是医院领军人才的后备军，他们决定了医院的未来发展方向，是医院有重要战略价值的人力资源。他们更加重视自身的发展，希望能够继续深入地学习专业领域知识，渴望得到医院的重视。他们有对自身发展的渴求和对知识的热情，需要的是提升学历层次、专科技术能力的机会，希望医院为他们构建完善的科研平台，提供外出学习的机会和资金支持等，将他们作为内部高层次医学人才加以培养。他们也希望绩效考核指标能综合地反映工作量、质量和效益，全面地反映他们的工作能力和成效。对骨干人才还要注意引导其核心利益与医院目标、医院文化相融合，塑造与医院一致的使命感和价值观，激励人才的同时也留住人才。这些需要说明骨干人才有强烈的被尊重的需要，晋升、个人成长等激励因素对他们有明显的激励作用。

领军人才主要是指医院的学科带头人、学术带头人。这类领军人才需要授予充分的科室管理自主权、学科发展自主权，大力支持其参加高水平专业培训、顶尖的学术交流和学术会议，提供深造和进修的机会，为其开辟专业领域前沿知识的获取渠道，给予充足的研究经费支持等。从薪金和福利待遇方面来说，还需要有高水平年薪制和高水平福利，如安家费、专项发展基金、津贴、带薪休假等，以形成心理承诺。他们的激励来自自我实现的需要，工作本身、个人的成就感和社会认可可以有效地激励这一层次的人才发挥出应有的作用。

3. BZ 人民医院采取的改革措施起到了什么样的作用？

【理论知识】

对激励对象的研究说明：需要是人类行为的基础，不同的需要在不同的条件下，会诱发不同的行为。所以，激励是组织中人的行为的动力，而行为是员工实现个体目标与组织目标相一致的过程。如何对组织中的员工进行激励，是建立在对人的行为运行规律的认知基础上的。激励产生的原因可以分为外因和内因。外因是人所处的环境，内因是人的认知知识和能力。激励的有效性在于对内因和外因有深刻的理解，把握人自身特点和所处环境，达成一致性。因此，为了引导人的行为，从而实现有效激励，就可以在了解人的需要的基础上，创造条件促进这些需要的满足，也可以通过采取措施，改变个人的行动环境。

【案例分析】

医院采取的激励改革措施是有效的，因为满足了医务人才的需求，让他们产生了努力工作的动机。按照需要层次理论，每个人都有 5 个层次的需要：生理的需要、安全的需要、社交的需要、尊重的需要、自我实现的需要。生理的需要、安全的需要是较低级的、基础的需要，主要从外部得到满足；社交的需要、尊重的需要、自我实现的需要是较高级的需要，主要从内部得到满足。医院首先改革绩效工资制度，就是满足医疗人才的基础的物质需要，通过对医务人员职业发展的支持和文化价值观的塑造，从精神层面满足了人才的高级需要，从而有效地激励了员工。按照双因素理论，工作条件、同事关系、薪酬待遇这些保健因素对员工的满意度起到了决定性作用，良好的保健因素就可以起到保持员工工作积极性的作用，而激励因素的产生，包括工作的成就感、被认可被尊重的愉悦、得到肯定和奖励以及未来的发展期望可以增加员工对工作的满意度，充分激发员工的工作热情。医院改革绩效工资制度、改善工作环境就是发挥保健因素的积极作用，加强文化建设、支持职业发展就是发挥激励因素的激励作用。因此，医院采取的一系列措施都充分激发了员工的工作主动性和积极性。

4. 你认为作为欠发达地区的公立医院，其激励措施的独特性体现在哪里？

【理论知识】

习近平总书记指出，对人才要"增强大家的事业心、归属感、忠诚度"，强调让人才有获得感，就是要完善激励机制，提供人才成长空间，搭建事业发展平台，在政治上充分信任、工作上大胆使用、生活上真诚关心、待遇上及时保障。在第三次中央新疆工作座谈会上习近平总书记说:"新疆各族干部是值得信任、有战斗力的。要弘扬民族精神和时代精神,践行胡杨精神和兵团精神,激励各级干部在新时代扎根边疆、奉献边疆。"

【案例分析】

作为欠发达的边疆少数民族地区,受经济发展水平的制约,薪酬待遇在人力资源市场的竞争中处于劣势,这就要通过加强文化引领和价值塑造,来吸引和留住适合公立医院发展需要与公立医院价值观一致的人才。比如,突出少数民族地区三甲医院的责任担当,选派3支骨干医疗队伍支援若羌、且末、于田3个南疆县市,每一批近30人,每名医生援助期限1~3年,用3支队伍生动地诠释了医院的核心价值观,引领全院医务人员做扎根边疆、服务人民的胡杨医疗团队,2019年医院全院职工开展义诊649场次,组建大型基层诊疗活动5次,在人民的需要中感受医务工作的伟大,在奉献中实现自我的人生价值。

四、关键要点

激励对人才体系的建设至关重要,必须根据组织特点和组织成员的物质需要和精神需要,合理运用激励方式,从而充分地调动员工的工作积极性,在满足员工个人需求的同时实现组织目标。

五、建议的课堂教学计划

本案例可以作为专门的案例讨论课来进行。以下是按照时间进度提供的课堂计划建议,仅供参考。整个案例课的课堂时间控制在90~100分钟。

1. 课前计划:提出启发思考题,请学员在课前完成阅读和初步思考。

2. 课中计划:简要的课堂前言,明确主题(2~5分钟)。

(1) 分组讨论(30分钟),告知发言要求;

(2) 小组发言(每组5分钟,控制在40分钟以内);

(3) 引导全班进一步讨论,并进行归纳总结(15~20分钟)。

3. 课后计划:如有必要,请学员采用报告的形式给出更加具体的激励方案,包括绩效工资改革中如何运用绩效考核评价手段引导兼顾公益性和激励效果,职业发展支持还有什么更好的激励措施,保健因素是否还有改进空间等,为进一步学习和运用激励理论做好铺垫。

案例三 "技术为本"背后的激励机制

一、教学目的与用途

人的行为具有可调节性，可以通过激励的方式影响和引导人的行为选择，掌握与运用激励理论是管理学重要的基础。本案例作为教学案例，计划用于管理学课程中激励一章，相关理论涉及激励基础、需要层次理论、激励方法等。本案例希望通过小米集团在企业发展过程中，针对产品研发、技术突破过程中出现的问题及解决方式，向学生介绍企业在培养和发展技术型人才，通过股权激励激发工程师解决技术性问题，为企业留住和吸引人才所提出的计划与方案。

二、分析思路

教师可以根据自己的教学目的来灵活地使用本案例。这里提出本案例的分析思路仅供参考。

本案例内容涉及激励的机理和基本理论，可作为激励一章教学案例使用。教师也可根据自己的教学目标，重点分析案例中的激励计划，引导学生加强对激励机理的理解，通过案例分析管理过程中具体激励方法的掌握与运用。

课堂上，教师可以从激励的机理出发，详细说明个体行为反应的过程主要包括的三种变量，引导学生分析人的行为在受到外界刺激的情况下，引起个体行为反应；进而讨论为达到个体行为变化的目的，如何影响员工的内在需要或动机来调动工作积极性，从而实现目标、行为的一致性；再结合案例中小米集团为工程师研发产品、激励工程师突破技术难题所采取的激励计划，其中蕴含的激励机理的基本模式。以此为依据，探讨"什么才能激发人的积极性"，从人的行为基础中着重研究人的需要，并重点分析马斯洛的五种需要层次；结合需要层次理论分析小米集团推出股权激励计划和"青年工程师激励计划"的原因和主要目的。

三、理论依据与分析

1. 你认为小米 MIX4 的研发历时 3 年之久的原因有哪些？

【理论依据】

外界环境和自身因素共同影响。环境对于企业的生存有着至关重要的作用，企业的生存与发展离不开环境的支持。政府干预、能源供应、通货膨胀、国内政治经济条件以及社会文化环境等都会影响企业进行产品的研发战略部署，国内企业之间的激烈竞争、企业科技化水平、原材料供应商以及金融机构等因素也都决定了企业进行产品研发的方向和成本。对企业自身来说，内部运营、企业文化、管理机制、经济实力、员工技术能力等都是影响其发展的重要因素。

【问题分析】

小米 MIX4 的研发历时 3 年的原因可以从外界环境和自身因素这两个角度分析：一方面是外界环境，全面屏技术难以突破是智能手机企业大环境面临的共同问题；另一方面是企业自身因素，研发历时 3 年是想深入研究突破技术难题，小米企业自身能力也有限，需要一定的时间和资金来解决这个问题。

2. 案例中体现了哪种激励理论？其主要观点有哪些？

【理论依据】

根据人的行为规律，人的行为过程包含了三类基本变量，即刺激变量、机体变量和反应变量。刺激变量是指对个体反应产生影响的外界刺激，也叫诱因，如自然环境刺激、社会环境刺激等。机体变量是对个体反应产生影响的内部决定因素，是个体本身的特征，如个体性格、动机等。反应变量是刺激变量和机体变量在个体反应上引起的变化。对应到人的一般行为规律，刺激属于刺激变量，个体的需要、动机属于机体变量，个体的行为则属于反应变量。激励过程本质上就是通过刺激变量引起机体变量产生持续不断的个体兴奋，从而引起个体积极行为反应的过程。依据人性的假设，人的需要是一个包含了物质经济需要、社会关系需要和自我实现需要的复杂动态系统。不仅不同人的需要存在差异，而且同一人在不同的时间、不同的境遇下的需要也不尽相同。人的行为选择往往并非完全地偏向一种需要，而是受制于多种需要的调和与相互妥协。因此，激励措施生效的关键就在于甄别出不同的人在不同的时间、不同的境遇下的优势需要并加以刺激。

【问题分析】

小米集团在进行管理的过程中，能够充分理解并运用激励机理，通过设定"构建一支全球顶级技术团队，将小米打造成一个全球顶级技术公司"这一组织目标，影响员工内在的需要和动机，调动员工工作的积极性，从而实现组织与个人在目标、行为上的内在一致性。通过给予员工股权和设置相关奖励的方式，作为外界刺激，针对工程师这一群体的自身特征出发，找到他们在突破技术难题后可获得的满足与需要，引起这一群体的个体行为发生反应，这一过程就是激励机理主要模式的体现。

3. 根据需要层次理论分析，小米集团的技术型员工的主要需要有哪些？

【理论依据】

需要层次理论的主要观点：人类的需要从低到高可分为五种，分别是生理需要、安全需要、社交需要、尊重需要和自我实现需要。生理需要是人类维持自身生存与发展的需要。安全需要是人类保护自身免受伤害的需要。社交需要是人类在社会交往方面的需要。尊重需要是人类自我尊重与希望受到他人尊重的需要。自我实现需要是人类追求至高人生境界的需要。

【问题分析】

对企业的员工来说，工作首先是为了满足人的低层次需要，小米集团通过股权激励方式，增加员工收入，让他们获得较好的生理、安全和社交需要。小米集团之所以能够培养和留住大量的技术人才，最重要的原因是考虑到员工高层次需要，技术型员工有别于其他类型的员工，对技术人才来说，解决技术难题会为他们带来精神满足，是他们技术水平和专业能力的很好体现，通过自己的努力获得企业和同事的尊重与认可，是他们自我实现需要的满足。

4. 根据案例分析，小米在实行"青年工程师激励计划"和"股权激励计划"过程中，应注意哪些问题？

【理论依据】

需要层次理论观点：（1）人的需要是一个从低层次向高层次发展的过程，只有当较低层次的需要基本得到满足后，更高一层次的需要才会出现。（2）任何一种需要并不由于高一层次需要的出现而消失，各层次需要之间是相互依赖并以重叠波浪的形式演进的。高层次的需要出现后，低层次的需要仍然存在，只是对行为影响的程度大大降低。（3）未满足的需要才具有激励作用，已基本得到满足的非优势需要对人不再具有激励作用。

目标设置理论：(1) 目标对人们努力程度的影响取决于目标明确性、目标难易性、目标责任清晰性和目标接受度；(2) 在实现目标的过程中，工作绩效水平取决于组织支持和员工个人的能力与个性特点；(3) 目标实现后，应让员工获得满意的内在报酬和外在报酬。

公平理论：报酬分配的合理性和公平性对人们工作的积极性有很大影响，不仅取决于绝对报酬，更取决于相对报酬。相对报酬比较的结果会使人们产生公平感或不公平感，不公平感会造成人们心理紧张和不平衡感。

【问题分析】

小米注重对人才的激励，在实行激励计划的过程中，应充分理解运用需要层次理论。首先应满足员工低层次需要，同时还要注重对高层次需要的满足，对技术型人才来说，实现技术的突破不仅仅是为了解决个人及家庭的生存和生活，还有个人能力得到认可和赞扬时带来的喜悦。其次应注重对目标的设置，特别是企业整体目标的设置，让员工有共同的努力方向，并将个人行为与既定目标对照，起到引导作用，并注重目标设置的合理性。最后应注重激励过程中的公平性问题，每个员工都应有相同的机会获得奖励，公平的设置能够激发员工努力奋斗的意愿。

5. 激励方法有哪些？根据案例分析，小米主要采用了哪些激励方法？

【理论依据】

常用的激励方法主要有三种，分别是工作激励、成果激励和综合激励。工作激励是指通过合理的设计与适当分配工作任务来激发员工内在的工作热情，主要包括工作扩大法、工作丰富法和岗位轮换法。成果激励是指在正确评估员工工作产出的基础上给员工合理的奖励，以保证员工工作行为的良性循环，主要包括物质激励和精神激励。综合激励是指除工作激励、成果激励以外的其他辅助性激励方法，包括榜样激励、危机激励、培训激励和环境激励等方法。

【问题分析】

小米集团在进行员工管理过程中，通过设定工作目标和任务，在本案例中，小米将研发 MIX4 这一产品为作集团工程师一段时间内的主要工作目标，为实现这一任务，工程师投入大量时间和精力，最终突破技术难关，成功研究了该产品。除此之外，小米设置"青年工程师激励计划"和其他激励奖励，采用了成果激励法，既让员工得到物质上的奖励，也让工程师获得精神上的荣誉和尊重。

四、关键要点

1. 将激励机理和相关激励理论，应用于小米的产品研发中工程师受到的实际激励内容。

2. 小米在实行"青年工程师激励计划"和股权激励计划过程中，体现的是激励理论和应用的激励方法。

3. 人类需要的层次从低到高可分为五种，未满足的需要才具有激励作用，已基本得到满足的非优势需要对人不再具有激励作用。

4. 在应用激励方法时，通常将多种方法结合使用，既要考虑员工低层次需要进行物质激励，又要考虑高层次需要进行精神激励。

五、建议的课堂教学计划

本案例可以作为专门的案例课进行讨论，整个案例学习时间建议控制在 35~45 分钟。以下是根据时间安排提供的课堂计划建议，仅供参考。

1. 案例阅读与讲解（5~7 分钟）

教师简要介绍小米公司：大家都知道小米公司正式成立于 2010 年 4 月，是一个非常年轻的企业，创业仅 7 年时间，其年收入就突破了千亿元人民币。2018 年小米成功上市，业务遍及全球 80 多个国家和地区。在 2021 年 8 月 2 日，小米集团登上《财富》世界 500 强榜单的第 338 位。不知道大家对小米手机 MIX 系列是否有所了解，MIX 系列是小米的高端产品，2016 年 10 月小米发布 MIX 一代，自此拉开了全面屏时代的序幕，但从 2018 年发布 MIX3 之后，MIX 系列便没有了下文。直到 2021 年 8 月，历时 3 年 MIX4 才终于发布，MIX4 的研发过程艰难而漫长，在这个过程中小米工程师突破了一项重要的技术难题，今天我们一起来了解一下。

学生自主阅读案例。

2. 案例讨论与分析（20~25 分钟）

将学生分成小组进行讨论，通过提问的方式分析小米 MIX4 的研发、工程师这一技术型人才的重要性、小米实行的激励计划。

3. 案例总结（10~13 分钟）

根据提问和学生回答进行点评，并根据案例背景延伸，系统地结合所讲授的知识点，一一对应案例中的要点问题，有针对性地讲解，再根据案例延伸完整地将可能涉及的问题做出指引，引发学生了解和关联思考。

第四章

管理的控制职能

案例一 奔驰女车主的维权之路

一、教学目的与用途

本案例通过简要介绍2019年2月西安奔驰女车主与西安利之星汽车有限公司维权事件的始末，分析维权过程中世界豪车品牌"奔驰"公司错漏百出的风险控制。从实际案例中引发学生的思考，理解控制职能的实际作用：

1. 控制是保证目标实现必不可少的活动。
2. 通过纠正偏差的行为与其他管理职能紧密地结合在一起。
3. 有助于管理人员及时了解组织环境的变化并对环境变化做出迅速反应，确保组织安全。
4. 为进一步修改完善计划提供依据。

二、分析思路

控制是管理的五大职能之一，是计划、组织、领导职能的后续。计划为控制提供了标准，本案例以西安奔驰维权事件为背景，描述了事件发展的过程中，西安利之星公司错误的控制流程和方法性失当导致公司和品牌方蒙受了巨大的经济和名誉损失。从事件整体中体现了很多控制职能中的知识点，从后期奔驰公司介入，反馈控制的应对，控制关键点的选择以及纠正偏差的方法应用与利之星公司形成鲜明对比，同一个事件两家公司的不同表现体现了控制职能在管理学应用中的实践作用。理解控制的概念、原则、任务、方法等知识点，达到提高案例教学效果的目的。

三、理论依据与分析

1. 从案例中我们可以看出，一件小事演变成大事件，哭诉维权的现象掩盖了企业存在的本质问题，那么什么是控制趋势原理呢？

【理论知识】

控制趋势原理可表述为对控制全局的主管人员来说，重要的是现状所预示的趋势，而不是现状本身。控制变化的趋势比仅仅改善现状重要得多，也困难得多。一般来说，趋势是多种复杂因素综合作用的结果，是在一段较长的时期内逐渐形成的，并对管理工作成效起着长期的导向作用。趋势往往容易被现象所掩盖，它不易被觉察，也不易控制和扭转。当趋势发展到可以明显地描绘成一条曲线或可以描绘成某种数学模型时再控制则为时已晚。因此控制趋势原理的关键在于从现状中揭示倾向，尤其是在趋势刚刚显露苗头时就能发觉，趋势初露端倪时就敏锐地发现并采取措施进行纠偏。因此，有效的控制系统应该在控制标准中体现预警功能，在出现某种危险信号时就迅速采取措施。

【案例分析】

利之星公司其实有机会在一开始就解决这起轰动全国的维权事件。从时间节点可知，在最开始的15天中，维权的车主愿意进行友好协商解决，可是连着15天到店谈判无人处理，谈判的结果也是高高在上的欺客心态，负责售后的主管人员更是在国外出差，对事件的发展毫无预测，对事件的影响更是不重视，管理者缺乏专业化的趋势预测。整个团队缺乏突发事件预处理标准，导致后续事件的发酵纠偏措施失当，造成巨大损失。

2. 管理过程中出现错误是不可避免的，那么纠正偏差最理想的时间点应该是在什么时候呢？纠正偏差的方法又有哪些呢？

【理论知识】

（1）纠正偏差最理想的时间点是在偏差未产生前，注意到偏差产生的可能，采取必要的防范措施，防止偏差的出现导致企业利益受损。

（2）控制中纠正偏差的方法：纠正偏差的方法有两种：改进工作流程和修订标准。第一，改进工作流程。分析衡量结果得出是哪方面的问题，管理者就应该在哪方面有针对性地采取行动。第二，修订标准，在某些情况下，偏差有可能来自不切实际的标准，发现标准不切实际，管理者可以修订标准,但管理者在修订标准时要非常谨慎,防止被用来为低效工作充当借口,管理者应该从控制的目的出发再仔细地分析,确认标准的确不符合控制的要求时,才能做出修正的决定。

【案例分析】

(1) 案例中利之星公司的纠正偏差首先错失最理想时期,导致后续事件的发生,其次纠偏的方法也是漏洞百出,试图通过逼迫消费者让其妥协的方式掩盖事件的进一步发酵。

(2) 奔驰公司事后介入,在错失最佳时机情况下,采取正确的方法,首先从工作上进行补救改进,具体操作为诚恳道歉,收回授权,接受处罚监管,立即赔偿换车,最后邀请维权者到总部参观挽回信任。在修改标准上也对其授权合作者提出新的标准,同年6月推出《服务公约》以及多项服务升级措施,提高了行业标准。

3. 上述案例讲述的维权事件其实本不应如此曲折,完全可以在萌芽状态处理,却最终演变成影响巨大的反面案例,在你看来事件中有哪些可以避免和反思之处,请结合控制章节知识点谈谈看法。

【理论知识】

(1) 计划是对组织未来活动的一种预先筹划,其中内容包括对未来环境进行分析,以此确定组织活动的目标。控制就是按既定目标和标准对组织的活动进行监督、检查,发现偏差,采取纠正措施,使工作能按原定计划进行,或适当调整计划以达预期目的。计划和控制的关系是计划为控制提供了衡量的标准,没有计划,控制就成了无本之木,两者相互依存,计划是控制的先导,控制将保证计划实施和组织目标实现。

(2) 前馈控制也称预先控制,在工作开始之前对工作中可能发生的偏差进行预测和估计,并采取防范措施,将工作中可能出现的偏差消弭于产生之前,防患于未然,对于准确的信息和管理人员素质有较高要求。

(3) 现场控制也称同步控制或同期控制,是指在某项工作或活动进行的过程中所实施的控制。现场控制是一种面对面的领导,目的是及时处理例外情况、矫正工作中的偏差。缺点是受管理者时间、精力、业务能力限制,容易形成对立。

(4) 反馈控制又称事后控制,是指在工作结束或行为发生之后进行的控制。反馈控制是把注意力集中在结果上,通过对已形成的结果进行分析,发现偏差,采取补救措施,防止在今后的活动中再次发生,消除偏差对后续活动的影响。缺点是偏差和损失已产生，存在时滞问题。

【案例分析】

一方面，奔驰车售前未检测，质量管理不到位，对于网络舆情完全无防范也未采取针对措施，可谓是前馈控制的反面实例。另一方面，利之星的女高管在维权事件过程中不果断、推诿、傲慢，从而导致问题进一步扩大化，对女车主说到"保护你"言论后，直接造成女车主的强烈不满，不愿再与利之星方沟通，彻底对立。没能做到及时止损，魄力与手段均不足，最终造成利之星名誉损失和罚款惩处。

奔驰暂停利之星的授权运营，联合经销商推出了《服务公约》及多项客户服务的升级举措，进一步强调了"客户为先"的服务理念，回归本源，升级服务。道歉赔偿，主动邀请女车主到德国工厂参观，加强对授权经销商的管理和制度培训。

四、关键要点

1. 控制的任务：管理者要对组织的活动；运行状况加以监督管控，保障组织计划顺利施行，根据实际情况，运用科学管理知识避免偏差的出现，偏差发生时通过不同的控制手段及时应对纠正偏差，确保原有计划的实行，完成组织的既定目标。

2. 控制的原理：（1）控制关键点原理，指为进行有效的行政控制，行政领导者需要特别注意那些根据各种行政计划来衡量工作成效时具有关键意义的因素。实际上，只要控制了关键点，也就控制了全局。（2）例外原理，指行政领导者越把主要精力集中于一些重要的例外偏差，则控制工作的效能越高，二者成正比例关系。行政领导者在进行行政控制时，必须把例外原理同控制关键点原理结合起来，不仅要善于寻找关键点，而且要在找出关键点之后，把主要精力集中在对关键点例外情况的控制上。（3）控制趋势原理，指对控制全局的行政领导者来讲，不仅要善于控制现状，更要控制现状预示的发展趋势。控制趋势的关键，在于从现状中揭示倾向，当趋势刚露出苗头，就要敏锐地察觉到并把握它。

3. 控制的类型：前馈控制也称预先控制：在工作开始之前对工作中可能发生的偏差进行预测和估计，并采取防范措施，将工作中可能出现的偏差消弭于产生之前，防患于未然，对于准确的信息和管理人员素质有较高的要求。

(3) 现场控制也称同步控制或同期控制，是指在某项工作或活动进行的过程中所实施的控制。现场控制是一种面对面的领导，目的是及时处理例外情况、矫正工作中的偏差。缺点是受管理者时间、精力、业务能力限制，容易形成对立的局面。

(4) 反馈控制又称事后控制，是指在工作结束或行为发生之后进行的控制。反馈控制是把注意力集中在结果上，通过对已形成的结果进行分析，发现偏差，采取补救措施，防止在今后的活动中再次发生此类情况，消除偏差对后续活动的影响。缺点是偏差和损失已产生，存在时滞问题。

五、建议的课堂教学计划

本案例可以作为辅助课堂教学的案例进行。下面是建议的课堂教学计划，仅供参考。整个案例教学的时间可以控制在 60 分钟。

1. 课前计划：提供案例正文和思考题，让学生在上课前完成预习和初步思考。

2. 课中计划：简单介绍案例的主要内容，明确本案例教学的目的和要求（60 分钟）。

（1）分组讨论（10 分钟），按照班级学生人数，将学生分为若干组，每组以 4~6 人为宜，告知学生发言要求。

（2）小组发言（每组 5 分钟，控制在 30 分钟以内），每个小组选一位代表进行发言。

（3）归纳总结（20 分钟），通过分析问题和相关理论知识，加深学生对控制的任务、控制方法和原则以及类型作用等知识点的理解和思考。

3. 课后计划：如果有必要，请学生根据课堂上讨论的情况，以作业的形式给出更加具体的分析方案，使学生加深对知识点的理解，为后续章节内容的学习打好基础。

案例二 中行"原油宝"巨亏是一堂惨痛的风险教育课

一、教学目的与用途

中行"原油宝"的危机事件在国际原油市场上是史无前例的一个现象，

如此重大的风险危机对于投资者、金融机构和监管机构都具有深刻的启示作用。通过本案例的学习希望学生理解风险的含义，掌握风险识别的方法和风险的处置方式，能够全面地认识风险带来的后果，理智地看待风险投资。

二、分析思路

该分析思路仅供教师教学时参考，图4-1展示了案例分析的基本思路：第一，让学生理解风险识别的含义，使学生通过案例剖析中行在"原油宝"事件上存在的过失有哪些；第二，结合案例让学生掌握风险控制的策略，启示学生思考应如何控制此类风险。

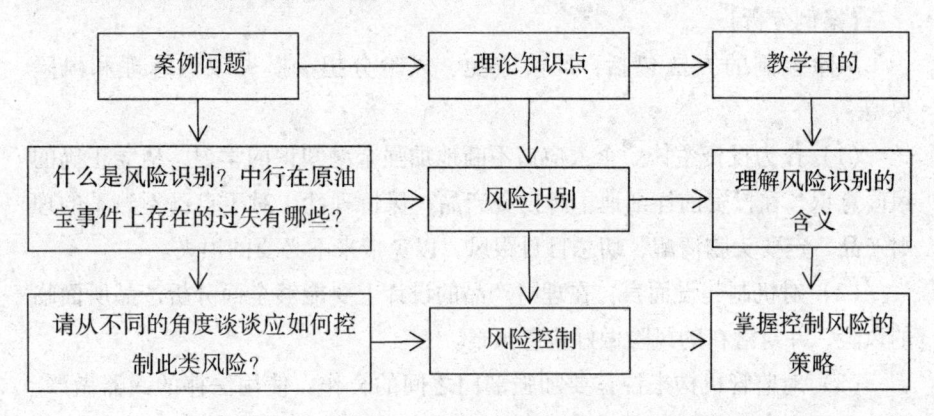

图4-1 案例分析思路及步骤

三、理论依据与分析

1. 什么是风险识别？中行在原油宝事件上存在的过失有哪些？

【理论知识】

风险识别是指管理者运用相关的知识和方法，全面、系统并连续地发现和描述组织面临的各种风险、风险原因以及潜在的后果。风险识别是一个连续的过程。组织内外的环境总是在不断变化之中，风险的质和量也在变化，还可能出现前所未有的风险。

【案例分析】

（1）对于原油宝产品的销售和宣传存在不当之处，误导消费者进行投资。对个人投资者准入门槛和的风险测评环节存在严重的漏洞。

（2）在风险管理方面，中行在风险应对处置办法中并未考虑过油价出现负值的现象。在芝加哥交易所出台公告时也没有引起该行的高度重视，没有做好提前规避风险的准备。

（3）风险应对机制不健全，交易系统功能未及时调整更新，中行未按照协议规定，当保证金跌至20%时，采用强制平仓的手段及时止损，中行未能做好风险控制。

2. 请从不同的角度谈谈应如何控制此类风险？

【理论知识】

根据风险处置方式的不同，组织控制风险的方法可以分为如下几种：风险避免、风险分担、损失减低管理和风险保留。

【案例分析】

风险控制的方法包括：风险避免、风险分担、损失减低管理和风险保留。

（1）作为投资主体，个人应该不断地加强金融知识的学习，树立正确的风险意识，在投资前详细地了解投资产品，保持理性，对于自己不熟悉的理财产品一定要头脑清醒，切忌盲目跟风，以免带来不必要的损失。

（2）对机制建设而言，在理财产品的设计上要能够全面分析产品所面临的风险，并对潜在的风险做好应急预案。

（3）对监管机构来说，要加强部门之间的合作，使用法律的武器做严、做实市场监管，最大限度地保护消费者的合法权益免受侵害，避免系统性金融风险的发生，维护金融市场的稳定与繁荣。

3. 通过学习王友佳的亲身经历，对你有什么启发？

【理论知识】

风险是指发生对组织不利事件的不确定性，包括事件发生的可能性及后果的大小。

风险的衡量和评价可以从风险发生的概率以及造成的损失这两个角度入手。

【案例分析】

产品设计方、投资方和监管方都应该全面提升自身的金融素养，时刻对市场保持敬畏之心，在交易层面，做实、做好产品的风险识别与风控管理，适应国际金融市场的复杂性。作为投资方更应该充分理解"买者自负"的内涵，在面对高收益诱惑时，需时刻保持警惕，谨记高收益常常伴随的是高风险，理性投资。

（此题为开放性题目，言之有理即可得分。）

四、关键要点

1. 风险识别的概念。

2. 风险控制的策略包括风险避免、风险分担、损失减低管理和风险保留。

五、建议的课堂教学计划

本案例可以通过学生进行小组讨论来完成，整体的时间安排可以控制在90分钟左右，以下提出一些案例讨论的过程：

1. 课前计划

（1）备学生：根据自由结合的原则，将班里学生分为5~6组，每组控制人数在6~8人，并选出组长。

（2）备硬件：本案例的讨论需要用到投影仪、黑板、粉笔、桌椅、A4纸等设备物品。申请智慧教室，利用教室中的圆桌，以小组为单位就座，以营造轻松的讨论氛围。

（3）备软件：至少提前3天发放案例正文及案例问题，让学生在课前完成案例的分析，初步形成答案，并对启发思考题中涉及的知识点进行预习。

2. 课堂计划

（1）课堂前热身：让学生观看中行"原油宝"相关的新闻视频，激发学生的兴趣，形成直观的应先辅助案例分析，营造轻松的氛围。案例重温，明确讨论主题（5分钟）。

（2）分组讨论：要求小组所有成全都参与讨论，并记下答题要点告知发言要求（30分钟）。

（3）小组发言：每位小组选派一名代表进行发言，每个小组控制在5分钟左右。在这个阶段，授课教师只是问题讨论的引导者，不对案例问题做任何的评价，引导学生给出他们的观点（30分钟）。

（4）教师总结

教师引导全班进一步讨论，针对同一个问题，具有不同观点的小组可以相互辩论。教师根据各小组分析问题的思路和解决的方案进行总结（15~20分钟）。

第五章

管理的创新职能

案例一　瑞源的创新与成长之路

一、教学目的与用途

本案例是一篇描述民营企业瑞源公司通过管理创新实现企业发展的情景，重点描述了企业在发展过程中进行的组织结构创新、产品创新和营销创新，以及在后来发展过程中寻求新的发展路径。

通过本案例的分析与讨论，结合案例背景让学生理解：

（1）理解管理创新的含义。

（2）理解管理创新的分类。通过瑞源管理创新的三部曲，如何体现出不同角度下的管理创新的类型和内容。

（3）锻炼学生对于企业创新问题的分析解决能力，能够对案例中瑞源公司创新行为进行分析，为该公司未来持续创新提出建议。

二、分析思路

本案例的具体分析思路及步骤如图 5-1 所示：

三、理论依据与分析

1. 瑞源为何会做出成立新公司，走多样化产品的创新之路？

```
┌─────────┐    ┌─────────┐    ┌─────────┐    ┌─────────┐
│ 案例问题 │←──│ 理论知识 │──→│ 案例情节 │──→│ 教学目的 │
└─────────┘    └─────────┘    └─────────┘    └─────────┘
```

┌────────────────┐   ┌────────────┐   ┌────────────┐   ┌────────────┐
│瑞源为何会做出成 │   │管理创新的含义│──→│案例第1部分 │──→│识别管理创 │
│立新公司，走多样│   │   │   │   │   │新的含义   │
│化产品的创新之路?│   └────────────┘   └────────────┘   └────────────┘
└────────────────┘   │
        ↓   ↓
┌────────────────┐   ┌────────────┐   ┌────────────┐   ┌────────────┐
│瑞源是如何体现管│   │管理创新的分类│──→│案例第2部分 │──→│掌握管理创 │
│理创新的？   │   │   │   │   │   │新的分类   │
└────────────────┘   └────────────┘   └────────────┘   └────────────┘
        ↓   ↓
┌────────────────┐   ┌────────────┐   ┌────────────┐   ┌────────────┐
│瑞源如何寻求创新│   │创新过程及管理│──→│案例第3部分 │──→│识别创新的 │
│突破的？   │   │   │   │   │   │动力   │
└────────────────┘   └────────────┘   └────────────┘   └────────────┘
        ↓   ↓
┌────────────────┐   ┌────────────┐   ┌────────────┐   ┌────────────┐
│瑞源发展之路对其他│   │管理创新是一个│──→│案例1~4部分 │──→│了解创新对企│
│企业有何借鉴？   │   │过程   │   │   │   │业发展的重要性│
└────────────────┘   └────────────┘   └────────────┘   └────────────┘
                            ↓
                  ┌──────────────────────────────────┐
                  │企业如何通过管理创新来是实现可持续 │
                  │发展的竞争优势   │
                  └──────────────────────────────────┘

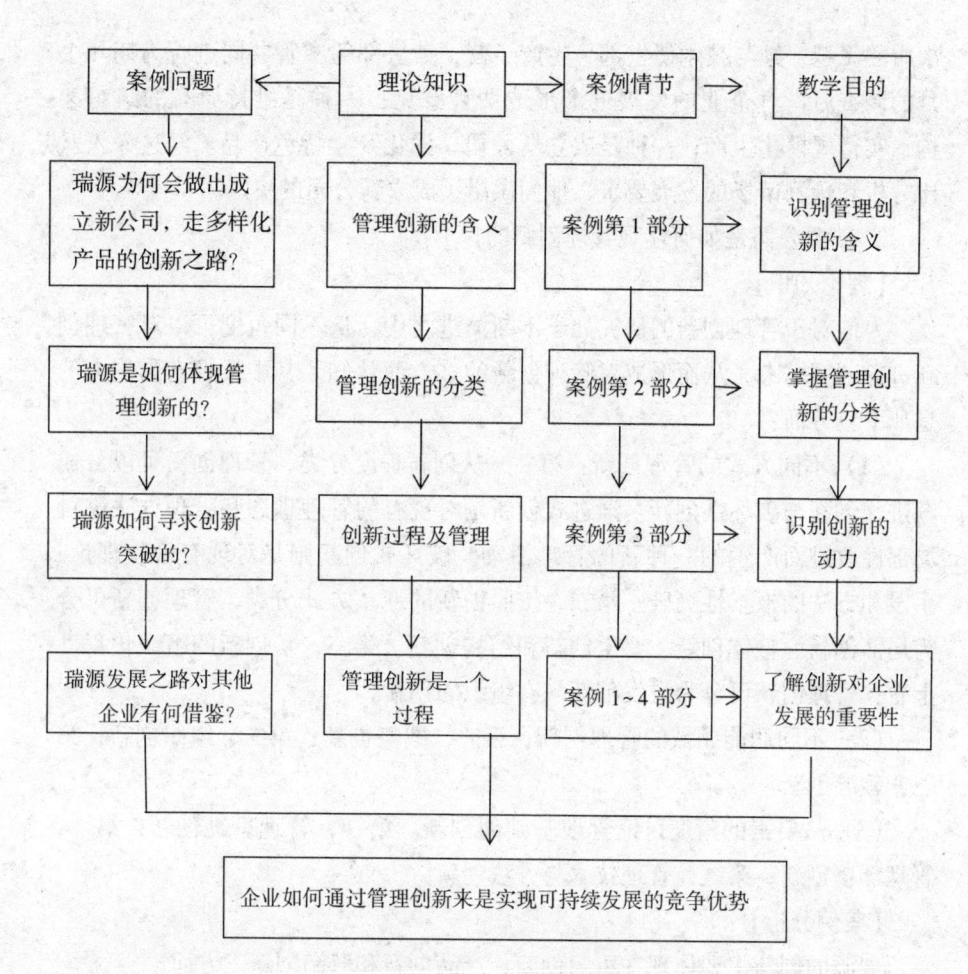

图 5-1　案例分析思路及步骤

【理论知识】

管理创新就是建立一种新的生产组合过程。它包括 5 种基本形式：一是引入一种新产品或者某产品的一种新的特性；二是引入一种新的生产方式，这里的生产方式并不是技术层面的，而是商业层面的；三是开辟新市场，即这个市场组织以前不曾进入过；四是获得原材料或半成品的一种新的供应来源；五是建立任何一种新的组织形式。

【案例分析】

瑞源的发展过程并不顺畅。在成立新公司之前，该公司面临着业态同质化严重、创新能力差、外部市场竞争激烈、消费者需求变化的问题，公司负责人于瑞红积极寻求企业发展出路，从思想上进行转变，希望使企业实现一次质的飞越。她与技术研发部、生产经营、销售部的主管共同进行为期几个月的调查后,对企业的发展逐渐形成两种意见:一种是维持原有的组织架构,实行规模化生产;一种是成立新公司,深化开发特色产品。经过深入对比分析和预测市场的发展要求,他们做出了成立新公司的决定。

2. 瑞源公司是如何体现管理创新的?

【理论知识】

人们对于管理创新的研究处于不断演进之中,从不同角度可以对管理创新进行不同思考,从而形成对管理创新的多方面认知。其中最具有影响力的是如下三方面:

(1) 不同方式的管理创新:第一,从创新程度分类,管理创新可以分成渐进式创新与破坏性创新。渐进式创新是对现有的管理理念和管理方法进行局部性改进而产生的一种新的管理活动。破坏式创新则是对现有管理理论、手段和方法的根本性突破。第二,按照创新的变革方式分类,管理创新可分为局部创新、整体创新、要素创新和结构创新。第三,从创新的组织化程度上看,管理创新可分为自发创新与有组织的创新。

(2) 不同职能领域的管理创新:第一,战略创新;第二,组织创新;第三,领导创新。

(3) 从要素的角度讨论管理基础的创新。第一,管理思维创新;第二,管理环境创新;第三,管理技术与方法创新。

【案例分析】

瑞源的创新主要体现在组织创新、产品创新和营销创新三方面。

(1) 从不同创新方式来看,成立分公司,将研发部门从生产车间独立出来,这体现了组织结构的创新;从自主研发的奶疙瘩、产学研联合开发的乳清酒,再到行业的领跑者燕麦酸奶,都说明瑞源的产品创新是有组织地创新,于瑞红及部门的管理者根据市场发展的状况,努力探索寻求和利用创新机会;营销方式中引入电子商务技术,体现的是一种要素创新。

(2) 从不同职能领域的管理创新来看,主要分为战略创新和组织创新。瑞源成立之初主打的是液态奶,后做出成立分公司走上市之路的决策,于瑞红的这一决定体现企业发展的战略创新。为了更好地实现这一战略,需要进行组织创新。瑞源通过组织结构的调整,建立直线制的组织结构,对组织横向和纵向的工作进行重新分配,保障直线沟通和横向联系,提高了组织的工作效率;制度上增加"质询会"、加强激励制度建设、人才开发制度建设,充分发挥组织内部的作用,增强企业活力。

(3)从不同要素水平管理创新来看,主要分为管理思维创新、管理环境创新、管理技术和方法创新。管理者的管理思维带有鲜明的个人色彩,在产品的创新过程中,我们可以看出于瑞红经常给员工出难题,她本身也通过不断的学习在制度上鼓励员工参与创新,在企业的管理过程中也是一直在求新。管理环境的创新主要是指市场创新和人才创新,市场创新中新产品的开发往往是企业创造市场需求的主要途径,这一点在瑞源公司尤为明显。其产品主要分为液态奶、奶酪、酸奶、乳清酒,在产品的创新过程中衍生出很多细分的产品品种,如奶疙瘩从原味、无糖的单一品种,迅速地衍生出红枣、花生、黑谷物、紫薯、南瓜的多元化品种;酸奶有燕麦酸奶、树莓酸奶、草莓酸奶、脱脂酸奶等多种口味,针对不同的消费群体进行市场细分,引导消费者消费,增加产品的销量。管理技术与方法的创新指在组织管理中,引入新的智能化管理技术,将大批一线工人解放出来;在产品生产过程中使用生物技术、发明专利,在营销创新中使用现代化的电子商务技术。

3. 瑞源是如何寻求创新突破的?

【理论知识】

有效管理创新需要根据企业发展过程中面临的问题,不断地发现新的创新动力。创新的基础、对象、水平和方案等,这是企业进行创新过程中需要考虑的方面。在创新对象的选择上,可以从技术创新、产品创新和工艺创新方面入手。

创新的方式一种是独立开发,即利用自己的力量独家进行开发;一种是联合开发,即与外部的生产或科研机构合作。

【案例分析】

瑞源在进行管理创新三部曲发展的同时又面临着新问题,这就需要他们积极地寻求解决问题的新方法。

(1)积极寻找新的创新动力解决现实问题。创新的动力多种多样,比如产业和市场的改变、人们观念的改变等,瑞源在2020年的发展中因为新冠疫情无意中打开了内地的销售市场,但是突然增加的订单使得他们又欣喜又着急,面对外部的利好市场,自身却没有充足的奶源,这让瑞源的生产和销售都受到了一定的影响。面对企业内外部发展的不协调和市场环境的大变化,瑞源决定不再单纯地依靠收购奶源来提供原材料,而是通过自建奶牛饲养基地缓解奶源紧缺的问题。

(2) 技术创新是企业发展的重要保障。瑞源发展过程中，为了更好地引进技术，走高科技产业的发展道路，进一步加强技术合作。在产品开发过程中一方面依靠个人埋头苦干，另一方面与东北农业大学合作进行专利研究。瑞源后期进一步拓宽创新方式，2019年与中科院中粮技术服务有限公司进行联合开发，与中国农业大学、东北农业大学、新疆农业大学诸多专家建立了科研技术协作关系，不断地与国内知名农业大学进行合作，实施科技创新和新品开发。

(3) 在创新对象上，瑞源公司不断地开发新产品，走多元化的产品道路。

(4) 寻找新的盈利点，发展生态旅游。在国家和自治区政策的扶持下，在消费者需求发生转变的情况下，瑞源在奶制品的基础上开始发展生态旅游，迎合消费者多方面的需求，为企业的发展创造新的利润增长点。

4. 结合案例分析瑞源创新之路对其他乳制品生产加工企业有哪些可以借鉴的经验？

此题为开放式的问题，在此给出如下建议，仅供参考，旨在引导学生思考企业创新的情境因素。

【案例分析】

(1) 企业家重视创新之路

从瑞源的成长与发展来看，于瑞红自身高度重视企业的创新与迎新，管理者拥有创新思维。企业家精神对自主创新具有极强的影响，一方面影响企业的中高层，使他们在企业实践中进行创新决策；另一方面也影响企业员工积极进行创新的态度。在企业管理的过程中，营造宽松的创新氛围，建立鼓励创新的制度保障，鼓励员工积极参与企业创新。

(2) 多元化的产品拓展道路

产品创新是管理创新的重要表现，瑞源产品包括液态奶、酸奶、奶疙瘩、乳清酒、醋等，瑞源借助本身优质奶源和当地的政策支持，走上一条多元化的产品拓展之路。在企业发展过程中不断进行市场细分，根据特定的人群开发出定制化的产品。

(3) 自主研发和联合开发相结合

在技术发明创造上，一方面坚持自主创新，另一方面通过产学研与中国农业大学、中科院、东北农业大学等学校联合开发，企业提供实验的基地，学校提供知识和技术，能够较好地促进科研技术转化为产品。自主研发的风险很高，一旦失败企业需要承担全部损失，对于瑞源这样的民营企业而言，风险较大；而联合开发有助于合作双方资源的优势互补，风险共担。此外，技术创新是需要投入较多资金的，企业需要根据自身的规模和情况选择合适的创新路径。

四、关键要点

1. 案例关键点

（1）新疆瑞源乳业有限公司为什么要设立分公司？

（2）新疆瑞源乳业有限公司管理创新的三部曲是什么？

（3）新疆瑞源乳业有限公司后期是如何进行突破创新的？

2. 知识关键点

（1）管理的内涵

（2）管理创新的分类

（3）管理创新的动力和方式

（4）企业家精神对管理创新的影响

五、建议的课堂教学计划

在教师进行案例讨论课中，可以单独使用。整个案例课程的时间可以在 90~100 分钟。

1. 课前计划

（1）备学生：根据自由结合的原则，将班级学生分为 5~6 组，每组控制在 6~8 人，并选出组长。

（2）备硬件：本案例的讨论需要用到投影仪、黑板、粉笔、桌椅、A4 纸等设备物品。申请智慧教室，利用教室中的圆桌，以小组为单位就座，以营造轻松的讨论氛围。

（3）备软件：至少提前 3 天把案例发给学生，要求学生在课前完成阅读和初步思考，并对启发思考题中涉及的知识点进行预习。

2. 课中计划

（1）课堂前热身。让学生观看瑞源的宣传片，引起学生的兴趣，形成直观的感受，营造轻松的氛围，辅助案例分析的推进。接着讲述中国乳业的行业特点，使学生对企业的成长背景有初步的了解。案例重温，明确讨论主题

（5分钟）。

（2）分组讨论，要求小组所有成员参与讨论，并记下答题要点，告知发言要求（30分钟）。

（3）小组代表发言。每位小组选派一名代表进行发言，每个小组控制在5分钟左右。在这个阶段，授课教师只是问题讨论的引导者，不对案例问题做任何的评价，引导学生给出他们的观点。（30分钟）

（4）教师总结。引导全班进一步讨论，针对同一个问题，具有不同观点的小组可以进行辩论。教师根据各小组分析问题的思路和解决的方案进行总结。（15~20分钟）

3. 课后计划：请学生自选企业，探讨该企业在发展过程中是如何体现管理创新的。

案例二 中泰纺织集团的"学习型组织"是怎样炼成的

一、教学目的与用途

本案例由中泰纺织集团党委书记、总经理冯文军的困惑以及部分培训场景展开，通过4个具体案例的研读和讨论，启发学生思考企业应如何有效进行培训与开发管理，建设人才队伍，引导学生通过案例学习，结合理论和实践综合分析并解决培训开发出现的实际问题。总体而言，本案例教学目标包括知识传授点和能力训练点两部分：

（1）知识传授点

学习型组织的概念、学习型组织的构建模式和条件、人力资源培训体系的构建。

（2）能力训练点

问题分析能力、批判性思维能力、综合分析能力和解决实际问题的能力。

二、分析思路

本案例以冯文军面临的四大难题为主线，提出了相应的解决方案，针对不同层次的员工，采用不同的培训方式，建立了分层次差异化的培训体系，最终建立了学习型组织。

三、理论依据与分析

1. 结合案例说明什么是"学习型组织"以及"学习型组织"具备哪些特征？

【理论知识】

学习型组织是指通过培养充满整个组织的学习氛围、充分发挥员工的创造性思维能力而建立起来的一种有机的、高度柔性的、扁平的、符合人性的、能持续发展的组织。这正是知识型组织的理想状态，是知识型组织的实践目标，这种组织具有持续学习的能力，具有高于个人绩效总和的综合绩效效应。

学习型组织的特征，冯静颖和孙健敏通过深度访谈和大样本的问卷调查，提出了学习型组织的五因素模型，包括组织支持、环境关注、知识分享、领导驱动、持续改进。

【案例分析】

从学习型组织的 5 个特征来看，中泰纺织集团为了方便员工培训，自 2016 年 3 月份开始，公司把三班三运转改成四班三运转，休息的时间用于培训，支持各车间自编教材，这充分体现了学习型组织的组织支持特征；中泰纺织集团除了传统的内部培训如中高层大讲堂、员工层面的夜校专项培训、合岗培训、订单培训和中泰大学的培训外，2020 年在新冠疫情影响下，及时采用线上新模式进行培训，这充分体现了学习型组织对于环境关注的特征；公司层面的中高层大讲堂和基层员工层面的夜校专项培训，员工都乐于分享知识，这充分体现了学习型组织的知识分享的特征；中泰纺织集团以冯文军为代表的高层领导重视对员工的培训学习，针对不同层次的员工制定了分层次、差异化的人员培训体系，制定员工层面的从周一到周四的党建、纪检、班建、安全、工艺技术、设备专项培训，中高层大讲堂，专业人员的培训体系。冯文军作为中泰纺织集团的一把手，带头讲课并亲自主持中高层大讲堂，这充分体现了学习型组织的领导驱动的特征；中泰纺织集团的夜校专项培训是每周一到周四定期常态化的组织培训，并建立培训矩阵，这充分体现了学习型组织的持续改进的特征。

2. 您对中高层大讲堂、职业夜校有什么看法？中高层大讲堂、职业夜校发挥着什么作用？

【理论知识】

学习型组织理论的团队学习，即激发群体智慧。

团队学习是建设学习型组织的基础。彼得·圣吉认为，当团体真正在学习的时候，不仅整体会产生出色的成果，成员成长的速度也比其他的学习方式更快。进行的讨论和深度会谈，可以让每个成员展开自由交流，以发现远比个人深入的见解。因而在现代组织中，学习的基本单位是团队而不是个人，在个人的学习与智商开发的基础上，更加注重全体成员共同学习与群体智力的开发。

【案例分析】

中泰纺织集团的职业夜校培训和中高层大讲堂，通过学习交流，员工之间共享知识的意识增强了，有利于隐性知识的转移，提高学习的效果，从而达到共同学习、共同提高的目的。

中泰纺织集团为不同层面、不同车间的员工提供培训，员工从认为培训是"不务正业"到积极主动地学习，说明员工从思想上对培训学习的态度有了很大的转变，公司内部的学习氛围比较浓厚。通过培训学习，员工的专业技能和管理水平有了很大的提高，思想达到高度的统一，对公司的文化更加认同，从而更好地促进公司的发展。

3. 结合案例说明中泰纺织集团采取了哪些培训类型？

【理论知识】

（1）人员培训的功能。培训可以提高组织成员的综合素质，有利于组织文化的建设，可以提升组织能力。

（2）人员培训的任务。为组织战略的实施准备人力资源，传播组织知识和文化，加强知识管理和组织文化建设，帮助组织成员成长，创造良好的组织环境。

（3）人员培训的类型。从人员层面分析，人员培训的类型包括针对高层、中层和基层员工的培训；从是不是企业内部举行的培训可以分为企业内部培训和外部培训；从培训的对象划分，可以分为团体培训和个人培训。

【案例分析】

从培训对象的层次进行分析，中高层大讲堂，专门针对公司中高层员工进行培训；夜校专项培训，专门针对基层员工进行培训。内部培训包括中高层大讲堂、员工层面的夜校专项培训、合岗培训等，外部培训主要分为订单培训和中泰大学的培训。

4. 作为企业的一把手,在带领企业发展过程中,在人员管理方面,冯文军遇到了哪些困境,他又是如何解决这些困难的?

【理论知识】

知识经济时代,社会经济环境处于急速变革之中,新技术、新思想不断涌现,在这种环境里,企业之间的竞争变得更加激烈,企业的生存和发展,很大程度上取决于企业的学习能力。建立学习型组织,成为企业构建核心竞争力和追求可持续发展的重要途径。

中国企业的学习型组织建设,遍布大江南北。从实践中可以总结出很多好的经验。常态化的学习型组织不仅具有学习型组织的基本特征,如开放、扁平、灵活、信任,而且同时还在知识的创造、分享、传承方面有一些切实可行的做法,而不仅仅是停留在口号上。企业的学习过程是一个持续的改进过程。有企业把此过程总结为:持久化的组织学习、常态化的知识管理、制度化的知识共享、系统化的总结提升、习惯化的创新意识。

企业提出,学习型组织建设的根本目的是要通过学习氛围的营造,提升组织的创新能力。这种能力,可以通过鼓励全员参与学习、建立扁平化和网络化的组织结构、鼓励和强化知识分享、注重团队建设、营造学习型组织文化氛围、领导者以身作则等打造学习型组织。

【案例分析】

(1) 冯文军面临的难题:用什么资料来对员工进行培训?这是冯文军面临的第一个难题。公司中每一个层面、每一个车间、每一个人的文化层次和要求都不一样,怎样做到因材施教,按需低成本且高效率培训?这是冯文军面临的第二个难题。公司在跨界重组之后,怎样在人力资源方面保证生产的平稳性,不会有大的波动,这是冯文军面临的第三个难题。中泰纺织集团发展速度比较快的情况,怎样结合公司的发展战略要求,做好人才储备和培养工作,是冯文军面临的第四个难题。

(2) 解决的方法

①针对缺少培训资料的第一个难题,冯文军决定通过组织公司内部各车间自编教材的方式解决。②针对公司中每一个层面、每一个车间、每一个人的文化层次和要求都不一样,怎样做到因材施教,按需低成本且高效率培训的第二个难题,中泰纺织集团通过建立中高层员工的中高层大讲堂,基层员工的专项夜校培训的分层次、差异化培训体系来解决。③针对公司在跨界重

组之后，怎样在人力资源方面保证生产的平稳性是第三个难题，冯文军建立了合岗培训制度。④针对泰纺织集团发展的速度比较快，怎样结合公司的发展战略要求，做好人才储备和培养工作，这是第四个难题，冯文军通过中泰大学的培训学习以及和青岛大学、巴音学院、新疆科技学院等学校合作进行订单培训的方式解决。

四、关键要点

1. 学习型组织是指通过培养充满整个组织的学习气氛，充分发挥员工的创造性思维能力而建立起来的一种有机的、高度柔性的、扁平的、符合人性的、能持续发展的组织。

2. 学习型组织的特征，组织支持、环境关注、知识分享、领导驱动、持续改进。

3. 学习型组织建设的基础——团队学习。

4. 学习型组织人员培训的类型。从人员层面进行分析，人员培训的类型包括针对高层、中层和基层员工的培训；从是不是企业内部举行的培训可以分为企业内部培训和外部培训；从培训的对象进行划分，可以分为团体培训和个人培训。

5. 学习型组织的学习过程是一个持续的改进过程。可以总结为持久化的组织学习、常态化的知识管理、制度化的知识共享、系统化的总结提升、习惯化的创新意识。学习型组织建设的根本目的是要通过学习氛围的创建，提升组织的创新能力。

五、建议的课堂教学计划

本案例可以作为辅助课堂教学的案例来进行。下面是建议的课堂教学计划，仅供参考。

整个案例教学的时间可以控制在80~90分钟。

1. 课前计划：提供案例正文和思考题，让学生在上课前完成预习和初步思考。

2. 课中计划：简单介绍案例的主要内容，明确本案例教学的目的和要求（5~10分钟）。

（1）分组讨论（30分钟），按照班级学生人数，将学生分为若干组，每组以 4~8 人为宜，告知学生发言要求。

（2）小组发言（每组 5 分钟，控制在 30 分钟），每个小组选一位代表进行发言。

（3）归纳总结（15~20 分钟）通过问题、板书和相关理论知识，加深学生对学习型组织的理解和思考。

3. 课后计划：如果有必要，请学生根据课堂上讨论的情况，以作业的形式给出更加具体的分析方案，使学生加深对知识点的理解，为后续章节内容的学习打好基础。

案例三　格力的自主创新之路

一、教学目的与用途

本案例主要是让读者感受创新领导和创新管理决策。这些年董明珠和格力捆绑在一起，从某种程度上说董明珠代表着格力，格力取得辉煌的成绩，董明珠功不可没；董明珠带领格力从一个没有技术，发展到一个跟随型，再发展到创造型，到今天的引领型企业，不断挑战自己，不断自主创新，格力经受住了时间和市场的考验，成为家电行业的引领企业。

二、分析思路

案例分析思路，仅供参考。

1. 可以从创新领导的各环节入手，结合格力所面临的内外部环境形势，分析格力的紧迫感、格力强有力的领导联盟、远景计划、授权运动、格力如何获得短期的胜利、格力采取什么策略巩固自己的成果、深化创新、把取得的成果制度化。

2. 创新管理决策

任何企业在进行创新过程管理中，都需要进行一系列的创新管理决策，确定所涉及的创新基础、创新对象、创新水平、创新方式以及创新实现的时机等。

三、理论依据与分析

1. 试分析格力创新的动力。

【理论知识】

（1）战略创新

在经济管理中，企业战略创新主要表现为企业各个时期的具体经营目标，需要适时地根据市场环境和消费需求的特点及变化趋势加以调整和变革，每一次调整和变革都是一种创新。企业战略创新的永恒目标就是进行战略革命，打破旧的行业规则，确立新的行业规则。

（2）企业家精神

德鲁克在《创新与企业家精神》中指出，企业家精神旨在标新立异，而非按部就班或者仅对做过的事情做得更好，企业家勇于改革现状，他们从事工作就是创造性破坏。企业家精神（创业精神）中的企业家不是特指从事经济活动的企业家，而是统指具有此类精神的一切社会行动者。

（3）组织创新

组织创新包括组织制度、结构和文化的创新，实现组织战略创新，必须对旧的组织管理进行创新，形成一整套新的组织管理方式。

（4）自主创新

自主创新就是坚持独立、主动、积极的发现、发明、创造活动。自主创新可以保持组织的独立性，降低对组织外的能量的依赖，是一个组织发展的根本动力，是组织的灵魂。自主创新也是领先企业保持领先、落后企业实现超越的最根本的方式。

【案例分析】

格力的发展离不开中国改革开放的带动和中国政府的支持。中国进行改革开放以来，大力发展工业和高科技产业，格力地处沿海开放地区，受到政府的扶持；格力的创新动力和中国市场对于家电产品的需求分不开。

格力的战略创新帮助格力获得了持续的发展。面对不同时期的内外部环境的变化，格力都适时调整经营目标，力求创新；我国市场巨大，随着经济的发展可挖掘的市场空间更是不可估量，格力并没有安于现状，而是不断自主创新。如果格力不去发展创新、掌握核心技术，随着时间的推移，必然会被市场和客户所淘汰。企业只有在进行了创新，自己掌握核心技术之后，才可以在激烈的市场争夺中获得话语权；格力的领导和员工具有顽强拼搏的创新精神。

董明珠就是一个具有企业家才能的领导者，她不仅重视科技创新也十分重视组织创新，将公司制度、结构和企业文化都进行有效的调整。以董明珠为首的格力工作人员，立志要掌握核心技术，把一个组装生产企业做成创新技术企业，从"中国制造"变为"中国创造"。

2. 尝试分析格力的创新为什么会成功？

【理论知识】

（1）人才创新：人才创新的根本点在于"以人为本"，通过可行且有效的方法促进员工能力的提升，挖掘其创新工作的潜能。人才创新可以通过员工的成长促进组织发展，是组织发展的根本。

（2）人才激励：人才激励就是激发组织成员的动力，让组织成员由内心到行为都向组织共同的目标奋斗。

【案例分析】

首先，格力的人才创新为格力培养了足够的人才。董明珠为首的格力领导集团，把创新作为一个长期发展目标，并且立志研发格力自己的产品；把中国的技术和国外的技术进行对比，让格力的研发人员有一种紧迫感以及民族荣辱感，愿意为自己的国家和企业研发下功夫；格力非常关注人才创新，坚持"以人为本"，给予每个员工充分的尊重，给员工有效的培训，挖掘员工的潜能，从而促进了格力的发展。

其次，格力的人才激励对其发展至关重要。格力塑造一个美好的愿景：让中国制造领先世界，让格力的产品为人类发展做贡献，而不仅仅是为了追名逐利。这个信念通过培训深入每个员工的内心。不设上限的科研经费让员工有足够大的空间去实现目标。

最后，将创新成果制度化就是将创新的活动融入组织文化之中。

四、关键要点

1. 创新从广义上来讲是指产生新的思想和行为的活动。管理创新的内涵包括以下三个方面，如图 5-2 所示：

2. 管理创新的基本形式包括以下五个方面，如图 5-3 所示：

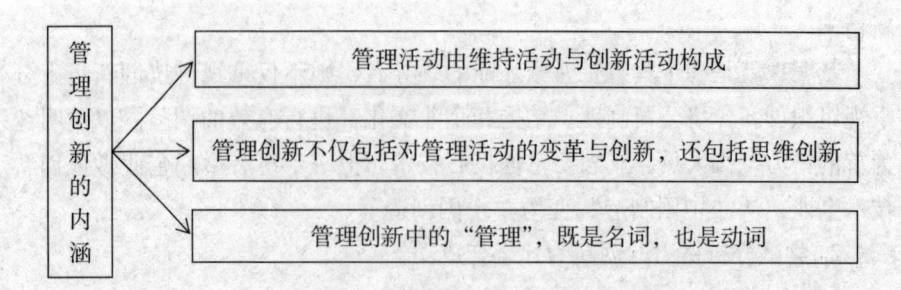

```
管理          ┌──────────────────────────────────────────────┐
创          →│ 管理活动由维持活动与创新活动构成              │
新            └──────────────────────────────────────────────┘
的          ┌──────────────────────────────────────────────────────┐
内          →│ 管理创新不仅包括对管理活动的变革与创新，还包括思维创新 │
涵            └──────────────────────────────────────────────────────┘
            ┌──────────────────────────────────────────────┐
            →│ 管理创新中的"管理"，既是名词，也是动词        │
              └──────────────────────────────────────────────┘
```

图 5-2　管理创新的内涵图

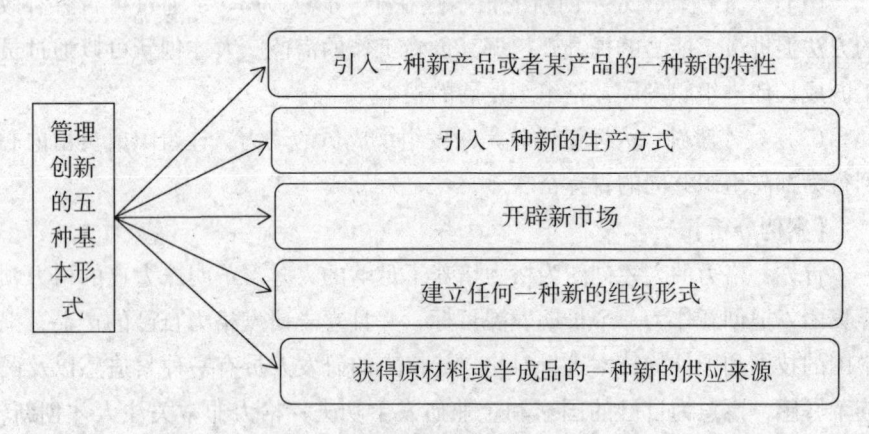

```
            ┌──────────────────────────────────────────────┐
          →│ 引入一种新产品或者某产品的一种新的特性        │
            └──────────────────────────────────────────────┘
管理        ┌──────────────────────────────────────────────┐
创        →│ 引入一种新的生产方式                          │
新          └──────────────────────────────────────────────┘
的          ┌──────────────────────────────────────────────┐
五        →│ 开辟新市场                                    │
种          └──────────────────────────────────────────────┘
基          ┌──────────────────────────────────────────────┐
本        →│ 建立任何一种新的组织形式                      │
形          └──────────────────────────────────────────────┘
式          ┌──────────────────────────────────────────────┐
          →│ 获得原材料或半成品的一种新的供应来源          │
            └──────────────────────────────────────────────┘
```

图 5-3　管理创新的基本形式图

五、建议的课堂教学计划

课堂计划仅供参考。

整个案例的课堂时间控制在 40 分钟左右。

1. 课前计划：提出启发思考题，请学生在课前完成阅读和初步思考。

2. 课中计划：

（1）提出思考题、明确主题（3分钟）。

（2）分组讨论（10分钟），明确发言要求。

（3）小组发言（5分钟/组，控制在 20 分钟）。

（4）引导全班进一步讨论，并进行归纳总结（10分钟）。

3. 课后计划：可以要求学生给出更加详细的解决方案。摆现象、析危害、挖根源、找办法。做到学以致用、寓教于乐。